PONTO DE VIRADA

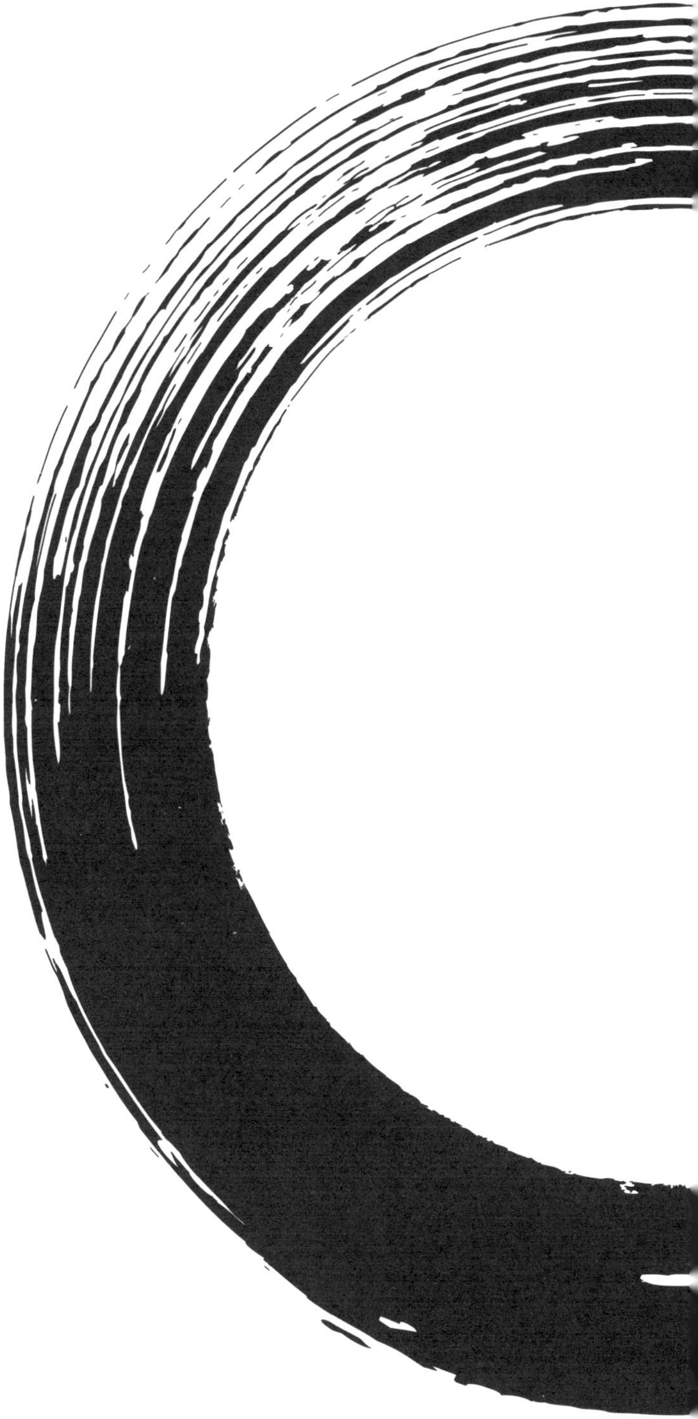

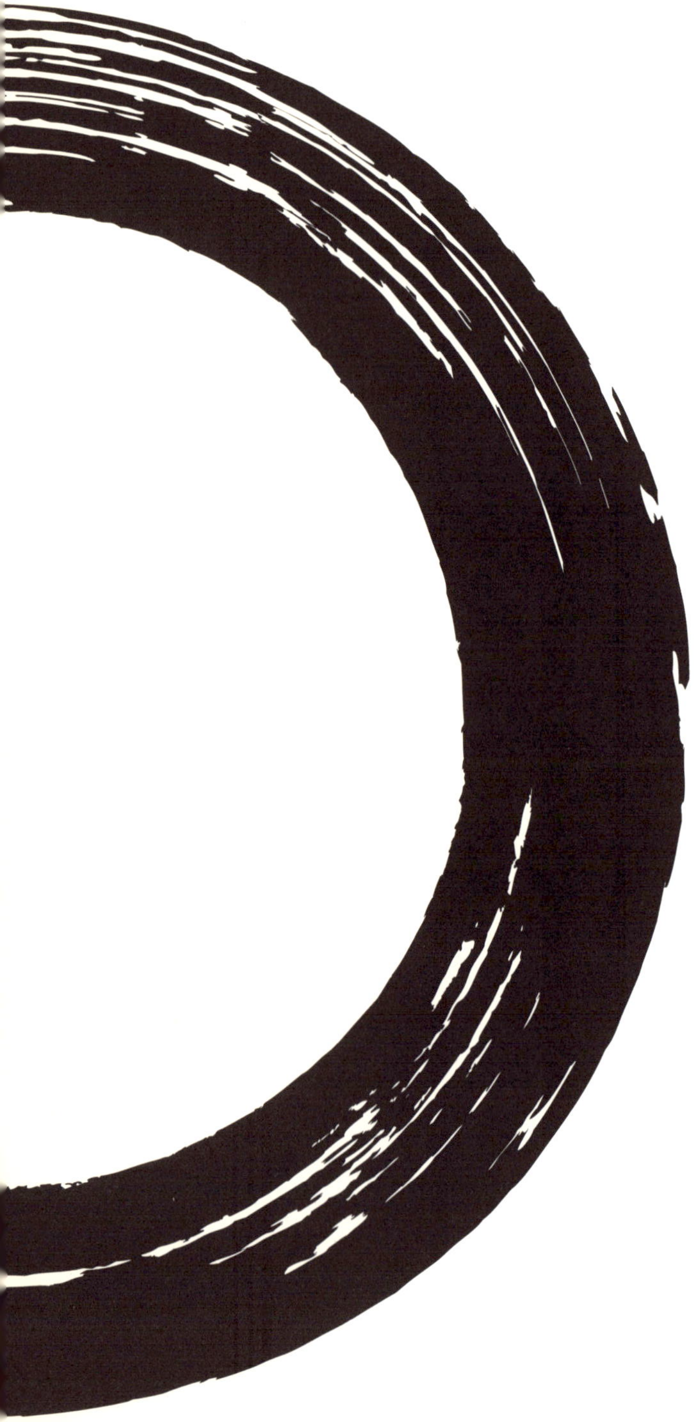

MONJA COEN

PONTO DE VIRADA

)|(Academia

Copyright © Monja Coen, 2020
Copyright © Editora Planeta do Brasil, 2020
Todos os direitos reservados.

Preparação: Vanessa Almeida
Revisão: Fernanda França e Nine Editorial
Projeto gráfico de miolo: Regina Cassimiro
Capa: Rafael Brum
Imagem de capa: stockdevil / Adobe Stock

Dados Internacionais de Catalogação na Publicação (CIP)
Angélica Ilacqua CRB-8/7057

Coen, Monja
  Ponto de virada / Monja Coen. – São Paulo: Planeta, 2020.

ISBN 978-65-5535-094-4

1. Autoajuda 2. Mensagens 3. Vida - Reflexões 4. Espiritualidade 5. Felicidade I. Título

20-2142   CDD 158.1

Índices para catálogo sistemático:
1. Autoajuda: Mensagens

2020
Todos os direitos desta edição reservados à
EDITORA PLANETA DO BRASIL LTDA.
Rua Bela Cintra, 986 – 4º andar – Consolação
01415-002 – São Paulo-SP
www.planetadelivros.com.br
faleconosco@editoraplaneta.com.br

Sumário

Prefácio — 9

Agradecer — 21

Qual é o ponto de virada? — 27

Você está com medo? — 41

No mosteiro — 47

Sabedoria e compaixão — 51

Merenda escolar — 65

Você se conhece? — 71

Na morte, morremos. Na vida, vivemos. — 77

Em casa — 85

Hora de mudar — 107

Há um ponto de virada? — 125

Como será o ponto de virada? Quando se dará? — 143

Prefácio,
por Leandro Karnal

Os pontos da monja

Há um ponto de virada em cada microinstante do mundo que vivemos. Quando todos parecem envolvidos no looping de uma crise pandêmica, esse ponto de virada vira uma consciência coletiva. A vida deixa de seguir reta e passa a experimentar laços e emaranhados. O nó é o novo normal.

O texto Ponto de virada começa com o tempo da crise. Frases e pensamentos rodopiam sem uma linearidade clara. Histórias pequenas como pequeno se tornou nosso mundo. Monja Coen olha para a rua, segue a televisão, perscruta a janela e contempla o computador. Daqui, emergem narrativas breves de verdadeiro "dia da marmota" onde o sol insiste em voltar ao mesmo ponto. A repetição não cega, antes sensibiliza o olhar da monja.

Depois surge outro ponto e a narrativa se amplia. Talvez sejam dois-pontos de uma nova oração; talvez reticências de pensamento em continuidade. É a memória da formação, do mosteiro, do Japão, da infância e do mundo que existiu antes da crise e que continua ali, no universo vasto da mente. A memória cria, relembra e reinventa. A toca da marmota é ampliada para amplos ambientes e, na consciência fluida do universo, percebemos que tudo, como queria Hamlet e Buda, cabe na casca de uma noz. Nós somos o universo e o Darma flui como água. Nós e a noz da consciência. Shakespeare ou Buda?

Nada foge do ritmo da impermanência. O uso de uma linguagem livre registra o "elítico ascendente" que o texto associa a nossa jornada. Por vezes, o leitor terá a delicadeza de uma ideia-haikai: curta e significativa. Em outras, a linha se amplia e se torna algo mais vasto. Como ondas, a narrativa chega à praia do leitor com ritmo constante e volumes distintos.

Não podemos, como diz a autora, "forçar uma flor a desabrochar antes do seu momento". "Tudo tem seu tempo e sua hora", dizia outra sabedoria, a do Eclesiastes. O budismo é antidogmático e aceita a diversidade de tempos e de concepções.

O leitor deve entrar na tonalidade da melodia do texto para não desafinar. O pincel da autora é para aquarelar e viver a cor que se espalha pela tela-página. Sim, existe um quadro completo e bastante claro. Mas, como o ponto de virada "é quase imperceptível para quem está se transformando" (Monja Coen), o sentido geral do texto talvez só apareça ao final e após mais de uma leitura.

Sou amigo da Monja Coen há anos e aprendo muito com ela. Em meio à pandemia, a escrita delicada foi um ponto de reflexão. Um ponto de virada. Vivi uma cerimônia do chá ao ler, com ritmos e liturgias e tudo voltado ao eu interior. Tomei chá várias vezes enquanto lia. A bebida aquecia o corpo e as letras falavam ao coração. Melhorei com o livro e agradeço.

Deixei de pegar dois aviões por dia e parei de correr de um lado para outro. Os pontos que se atropelavam esbarraram no ponto de virada da pandemia. Parei e consegui olhar mais. O texto da Monja Coen foi uma luz sobre meus pontos e minha quarentena. Espero que ajude mais gente a aprender e a aguçar o olhar. O mais budista de tudo seria ver que o meu corpo agitado que passava de uma palestra para outra em ritmo frenético conduzia o mesmo cérebro que, agora, fica trancado em casa. A noz aquietou-se e o universo se abriu. Imito o gesto singelo: mãos em prece e esperança intensa. Tudo passa. Como passará? Depende da consciência do ponto no qual decidi estar: ponto de virada ou ponto-final.

Introdução

Ponto de virada
É agora.
Se você não perceber, o diabo adentra a sua casa.
Se você perceber, se tornará uma pessoa sábia.
Basta um finíssimo fio de seda de diferença e a harmonia se quebra.
Quando *corpomente* flui com o fluir da vida, há tranquilidade.
Quando corpo e mente se separam, há o desequilíbrio.
Procurar o Caminho é perder a rota.
O Caminho está aqui, agora, onde você está.
Este é o momento sagrado de você sair dos pensamentos falsos, errôneos e adentrar a sabedoria perfeita.
Basta cultivar bons pensamentos e boas ações.
Mas isso pode ser difícil.
Quando tentamos ser pessoas boas e pensar positivamente, somos censuradas, escaldadas, não reconhecidas e muitas vezes mutiladas.
Sim, mutiladas em nossas propostas e conquistas. Quebram nossas pernas, arrancam nossos braços de abraços macios. Roubam nossos sonhos e quebram os vínculos com a esperança.
Não pense. Não reflita. Siga adiante. Faça como

todos fazem... Será esse um caminho seguro?

Nesses momentos, quando tudo parece errado, quando não há luz no fim do túnel – seria isso um túnel? Essa escuridão leva a algum lugar? Luz, onde está a luz? Será que existe, existiu ou existirá?

Traições, inveja, ciúme.

Julgamentos errados.

Julgamentos incessantes.

Percebendo erros e faltas em si mesmo, nos outros, no mundo.

Nada parece dar certo.

E, de repente, a tempestade desaba morros e casas.

Brumadinho, Mariana.

Rio de Janeiro. Minas. São Paulo. Santos e Guarujá.

Também acontece na Austrália e na Califórnia.

Estaria o mundo perdido?

Aquecimento global, vírus, bolsas caindo e pessoas enriquecendo.

Pandemia. Isolamento social. Crise geral.

Gente morrendo, gente nascendo.

Será que vale a pena viver? Para quê?

O ponto de virada é quando não há mais ponto e não é possível fazer a virada, pois já virou, viralizou, contaminou, foi.

Parecia fácil virar, transformar, sentir que tudo poderia passar e ver tudo passar.

Parece que o filme parou e nada mais passa na tela da vida. Até o som se cansou de soar.

De repente, cada instante se tornou uma eternidade.

Na solidão de mim mesma, sorrio.

Não a gargalhada desesperada e incontrolada do Coringa nas cenas de um filme trágico.

Nem o riso do poema "Acrobata da dor",* de Cruz e Sousa, que eu declamava na adolescência.

Gargalha, ri, num riso de tormenta
Como um palhaço, que desengonçado,
Nervoso, ri, num riso absurdo, inflado
De uma ironia e de uma dor violenta

Dá gargalhada atroz, sanguinolenta
Agita os guizos e convulsionado
Salta gavroche, salta clown, varado
Pelo estertor dessa agonia lenta...

Pedem-te bis e um bis não se despreza!
Vamos! Retesa os músculos, retesa
Nessas macabras piruetas d'aço...

E embora caias sobre o chão, fremente,
Afogado em teu sangue estuoso e quente
Ri! Coração, tristíssimo palhaço.

Os poemas da minha infância, adolescência. Eu questionava tudo e todos.

---

* SOUSA, Cruz e. "Broquéis, Faróis e Últimos sonetos". 2ª. ed. reform., São Paulo: Ediouro, 2002. p. 39-40. (Coleção super prestígio). In: <https://www.stoodi.com.br/exercicios/ufg/2007/questao/leia-o-poema-de-cruz-e-sousa-acrobata-da-dor/>. Acesso em 05 jun 2020.

Percebi não ser possível rir o tempo todo.

Não é possível ser feliz o tempo todo.

Não é possível fingir que tudo está bem.

Como cozinhar bala no fogo, temos que chegar ao ponto.

Ponto de ônibus, ponto-final, vírgula, três pontinhos, ponto de interrogação, ponto de exclamação – tantos pontos possíveis.

Ponto de bala.

Bala doce, não bala que mata, que acaba, que destrói, que fura, que sangra.

Bala que adoça a boca seca, o olhar desarma sua fúria e, de repente, novamente, a suave brisa da transitoriedade leva embora a dor, a aflição, o descrédito e nos traz de volta à razão. Mel.

Este ponto, este momento, em que ao ver seu peso na balança não chora nem se encolhe.

A balança está a balançar e a embalar.

Colocar a bala dentro da boca, do corpo – ela se aninha e se desmancha – é proteção, carinho, doçura que abraça, sustenta, alimenta.

Não desista de você e da vida.

Vá atrás.

Corra, caminhe, se arraste, engatinhe, mas vá.

Com vaias ou aplausos, siga, continue.

Vestida ou nua, se apresente no grande palco.

Dê outro salto.

Tente outra vez.

Respire.

Inspirar e expirar conscientemente.

Há tanto a ser feito, pensado, trabalhado, cultivado.

Por exemplo, a paz, a ternura, a simplicidade de ser, *intersendo* – palavra nova sugerida pelo mestre vietnamita Thich Nath Hahn, pois descreve a conectividade, a codependência entre tudo que existe, toda vida da Terra.

Terra. Planetinha miúdo e azulado, girando no espaço, em torno de uma estrelinha de quinta.

No entanto, preciosa Terra, sagrado Sol e amada Lua. Pequenos, insignificantes frente à magnificência do cosmos.

Enormes para nós, seres humanos.

Como o menino que, na escola, quando pedido para que escreva sobre uma pessoa querida, escreve: "Meu pai é grande, alto, forte."

Seu pai tem pouco mais de um metro e sessenta de altura e é gordinho.

Para o filho é o grande herói, o gigante sábio e bom, que ensina, cuida, protege e vive lá em cima, bem longe de onde suas mãozinhas pequenas conseguem chegar.

Assim nós peregrinamos.

Não como viajantes comuns, que fazem turismo, compras e enviam fotos.

Peregrinamos.

Uma jornada sagrada, na Terra Prometida.

Prometida a todo ser humano a ser casa, a ser mãe, a dar suporte e suficiência.

Entre guerras e vírus, entre doenças e curas, a Terra Prometida só aparece a quem se compromete a cuidar, a amar, a respeitar, a libertar e a incluir todos os seres.

Os bons e os maus, os certos e os errados – todos juntos incluídos, viramos, giramos, transformamos.

Valores, conceitos, dogmas, desejos.

Afetos e desafetos.

Insultos e elogios.

Quem conseguir passar ileso, não terá mulher e filhos a quem não possa sustentar.

Passa, passa três vezes.

Sustenta.

Eram os homens que sustentavam.

Hoje há muitas mulheres que sustentam o mundo.

Crie causas e condições para que o ponto de virada não seja apenas um ponto cruz num pano de prato. Mas seja o prato de comida para quem tem fome. Seja o pano que cobre e aquece quem tem frio e vergonha. Seja a cruz como símbolo da horizontalidade e verticalidade da bondade, da verdade e do caminho. Não a cruz que tortura e mata lentamente.

O ponto de virada é aqui e agora.

Vem comigo.

Vamos virar a página.

Vamos virar a vida de pernas para o ar.

Porque o ar precisa ser respirável, sem medo de contágios de doenças, ainda sem curas.

As pernas ainda precisam andar, correr, saltar

obstáculos e entrar nas águas macias e límpidas dos riachos preservados, das nascentes jorrando livremente o líquido da vida.

Ah! O ponto de virada é aqui mesmo.

Onde você agora reflete.

O que fazer para a vida ter sentido?

Dê sentido.

Tanto faz direita, esquerda, centro.

Em frente.

Respire conscientemente.

Reflita.

Não atire simplesmente – quer sejam tiros de armas de fogo, quer sejam pedras. Não atire nem se atire da janela. Espere. Há uma alternativa inusitada esperando você perceber e despertar.

Telhados de vidro.

Corpos sensíveis e frágeis.

Aprecie sua vida.

Não desista de você.

Não desista de viver.

Não desista de mim.

Sorria.

O ponto de virada está virando você, está virando a Terra, desmantelando o mundo, para refazer suavemente a ternura e o cuidado da sobrevivência humana na Sagrada Terra Prometida.

Você está virando o ponto, que vira e se revira.

Na grande virada, o ponto vira o ponto.

Esse ponto, essa Terra é você!

Confie, confira e gire, girando, equilibrando os pratos que rodam sem cessar.

Sem cansar e sem desistir, chore, reclame, brigue, explique, exija, dê limite e viva cada momento como o único possível instante de mudar.

Mudar de casa, mudar de rua, mudar de jeito de ser e de pensar.

Descubra você, quem você é. Descubra o ser humano capaz de se tornar incapaz de ferir e de fazer sofrer – seja lá quem for e em que lugar.

Abra suas mãos e receba nelas tudo que há.

Agradeça.

Mãos em prece
Monja Coen

Agradecer

Agrado de ser. Alegria de dar e receber. Humildade em reconhecer o que chega até você.
Sol e Lua.
Dia e noite.
Saúde e doença.
Agradecer ao coronavírus, que em 2020 assusta.
Isolamento social.
Ficar em casa, na santa casa do seu mais íntimo.
Reconhecer seus sentimentos, emoções, medos, alegrias, aflições.
Ansiedade, restrições.
O menino de 16 anos levou cem facadas.
Jovem, meu amigo – por onde foi?
Seria dívida de drogas?
Cem facadas é muita facada.
Teriam sido dadas por um ou por dois?
Talvez por muitos.
No hospital, o pai adotivo aguarda – pulmão perfurado, rim perfurado, corre risco de morrer.

"Vaso ruim não quebra", alguém comenta.

Seria ele um vaso ruim ou um vaso forte?

Capaz de surpreender e sobreviver à sua própria morte?

Ficou sem fala, respira pela traqueia, usa fraldas, seu lado esquerdo não responde. Está consciente, mas dois coágulos, das veias e artérias cortadas do pescoço, queimaram conexões neurais. Ficará para o resto da vida em uma cama, nem sentar consegue...

É preciso ter cuidado ao falar, ao pensar.

Ter cuidado nas escolhas – houve escolha para alguém que foi adotado e devolvido treze vezes?

Viciado, perdido, sem valores, sentimentos nem princípios. Só encontra o fim sem fim de viver sem ser.

Discriminações e preconceitos.

São tantas e tantos que nos perdemos crendo que somos imunes ao crime.

Pois é crime discriminar pessoas.

Nos elevadores está escrito que é proibido discriminar, mas e se estiverem contagiados pelo coronavírus sem nenhum sintoma? Podem entrar?

Há poucos dias expulsaram, a pontapés, uma mulher de um ônibus. Ela estava sem máscara e tossia. Foi jogada fora. Isso não é bom. O que não é bom? A doença? A falta de máscara? A tosse? Os homens que a empurraram com os pés? Tudo errado, do começo ao fim. E no meio fica a dor, a tristeza de ser obrigada a descer longe do ponto, do seu ponto. *Teria dinheiro para outro ônibus?*, fico pensando ao tentar compreender cada uma e todos no transporte coletivo com medo de se contaminar, sofrer, morrer.

Há gente malvada.

Com a Aids foi assim.

Gente que sabendo estar doente mantinha relações sexuais para contaminar os outros.

Só assim entenderiam sua dor.

O Taj Mahal, na Índia – uma beleza incrível com pedaços de mármore coloridos colocados em harmonia e cuidado. Pois, reza a lenda, o sultão que ordenou construí-lo como mausoléu para sua esposa amada, mandou matar a esposa do arquiteto – só assim ele entenderia sua dor.

Que horror!

Quando pronta a obra rara, mandou cortar as mãos dos artesãos para que nunca houvesse outra obra de arte igual a essa.

Loucura, devaneio, maldade.

Nós humanos podemos ser muito cruéis.

Isso também é verdade.

Há quem seja tão mesquinho, tão pequeno, tão sofrido, tão sozinho que queira passar o vírus...

É tudo que essa pessoa tem a dar, a compartilhar?

Por isso, não vá para a rua.

Não sente no banco da praça.

Não encoste no ponto de ônibus.

Nada de beijos e abraços.

Desejos indesejáveis...

Houve quem quisesse voltar a trabalhar, abrir suas lojas, empresas, fábricas, restaurantes, templos, igrejas. Parecia que nada estava ocorrendo. Alguns casos, algumas mortes.

Nem tudo era revelado.

Assistindo aos noticiários de outros países, insisti em textos e vídeos: fiquem em casa!

Não sabíamos o que era uma pandemia – o mundo todo sendo contagiado. Curas e mortes. De idosos a jovens.

Antes de dormir, só, no quarto, TV desligada.

Estaria contaminada?

Como saber?

O ponto de virada seria estar sem pânico, aflição, ansiedade? Ou seria usar um terço, um lenço, uma imagem sagrada – e assim estar protegida e abençoada?

Melhor mesmo acatar todas as medidas indicadas pelos especialistas em saúde: ficar em casa, lavar as mãos, usar máscara e luvas.

Mesma instrução vinda da Itália, da Espanha, da Inglaterra, da China e do Japão, dos Estados Unidos e de alguns estados da União: ficar em casa. Organização Mundial de Saúde pedindo, implorando isolamento social, que impede o contágio simultâneo para evitar que o serviço de saúde colapse.

Médicas e médicos estressados, assustados.

O vírus não discrimina. Se não houver equipamento

de proteção adequado, vão ficar todos adoentados.

Vírus não é um organismo vivo. É apenas uma molécula de proteína com capa de gordura. Não pode ser morto. Pode ser decomposto. É frágil – água e sabão o desintegra, acaba com a capinha de gordura e ele se autofratura, dissolve-se por si mesmo.

Qual é o ponto de virada?

Estamos em fins de março.

O pico da epidemia ainda não aconteceu.

Há quem faça carreatas, com carros de luxo, gritando que querem trabalhar e levando a bandeira do Brasil. Está apenas chegando. Vem devagar incessante. E há quem duvide. Há quem pense que a economia é mais importante do que a saúde.

Será?

Não podemos comparar. Precisamos de ambos para sobreviver em paz.

Para alguns, o ponto de virada ainda não aconteceu.

Terão de passar pela dor.

Terão de perder amigos, pessoas queridas.

E não haverá túmulos suficientes.

Não haverá valas comuns capazes de abrigar tanta gente que vai morrer.

Já está acontecendo, e estamos agora em maio de 2020.

O mais importante é trabalhar?

Dá para trabalhar em casa, melhorar a moradia, ver TV, descansar.

As contas vão chegar, se não houver como pagar ficarão penduradas no varal comum das periferias, das vilas, das casas de tijolos sem cobertura e das casas mais bem-acabadas.

Estamos todos juntos nessa.

Na confusão, entre o ontem e o amanhã, vivemos e podemos nos exercitar.

O corpo com flexões de braço, fica cansado.

A mente com flexibilidade de pensamento, fica leve.

Lembro-me de um senhor que ensinava a fazer esteira de corrida em casa pobre.

Bastava jogar um pouco de detergente no chão e escorregar apoiando-se na pia.

Criar atividades.

Criatividade.

Em um prédio, à noite, havia música e cantoria.

Do outro lado da rua, uma senhora gritou com toda força que cessasse a música, queria dormir.

Nervosa, irritada.

Mas se não dormir à noite, poderia dormir de dia?

Seria médica, enfermeira? Atendente? Faxineira ou cozinheira de hospital? Seria gari?

Trabalharia com alimentos ou remédios? Seria policial ou bombeira? Motorista de ambulância ou de carro funerário? Seria coveira? Ou apenas cansada, medrosa, acuada? Sem controle de mais nada, queria controlar o som, a vida, a música que a seus vizinhos embalavam?

Adultos com medo, em casa, passam medo para os filhos e as filhas.

Não mentir nem alarmar.

Contar a verdade do assim como é.

Criança é gente, inteligente.

Conversar, contar histórias, ler contos, inspirar.

Não ficar o tempo todo na TV – que sedução!

Eu quero tudo saber.

Como está a Espanha e a Itália?

A Inglaterra e a França?

Nos Estados Unidos, um navio enorme vai ser hospital em Nova York.

O mundo econômico para, regride, afunda.

Será que iremos nos humanizar e cuidar de quem mais precisa?

Ou vamos virar as costas e procurar nos salvar?

Salvar as moedas de ouro? Os dólares? As ações?

Recessões. Inflação. Deflação.

Economistas aflitos, de olhos esbugalhados confirmam que vai ficar muito mal todo o sistema universal. Desemprego, aflições, flagelos e delações. Uma sopa e tanto de medo.

Rever. Ver de novo. Ceder outra vez. Perder.

Quem nada tem perde o nada? Ou perde o ter nada e fica com tudo?

Quem perde ganha – era a frase de meu pai ao final dos jogos infantis, para evitar tristezas e brigas entre as filhas.

Que ninguém se jogue das janelas.

Mesmo que perca os fundos e as frentes, os lucros, as empresas, as casas, os aviões, os barcos e os balões... Tudo, tudo, tudo?

Tanta gente vive com tão pouco.

Aliás, vivem sem nada. Vivem de viver apenas, por viver, sem juntar, acumular, sem ter nem mesmo casa, quarto, canto, chão. Céu. Talvez tenham o céu e a imensidão.

Não perca a vida.

Tudo se transforma.

De transformação em transformação, vejo na TV o senhor idoso e magro, descabelado, faltam-lhe alguns dentes.

Falando de mundo líquido.

Sociólogo Zygmunt Bauman (morreu em 2017 aos 91 anos) revela sua teoria de que ficamos tão dependentes da independência que perdemos beiras e eiras. Ou seja, antigamente, todos escolhiam sua profissão bem jovens e faziam acontecer. Tinham rumo certo e certeiros seguiam um caminho – estável?

"A mudança é a única coisa permanente...

A incerteza é a única certeza." (Bauman)

Parece pensamento budista:

"Nada fixo, nada permanente. Tudo em constante transformação."

Agora, muitos perceberam que é assim.

A chamada estabilidade do passado carregava em si muita tristeza, insatisfação, abusos. Alguns tudo suportavam em silêncio. Ficavam tristes, acabrunhados. Morriam e viviam sem esperança. Outros riam e cantavam, explorando e se contentando em abusar dos mais vulneráveis.

Hoje um jovem se forma em Engenharia – foi difícil estudar, passar no vestibular, terminar a faculdade... Pensou que seria escolhido para trabalhar numa grande entidade. Qual nada. Hoje tem um posto secundário, não é nem funcionário. Faz um bico aqui e ali numa empresa de alimentos congelados.

Pensa que é temporário.

Detesta o que está fazendo.

O cheiro dos alimentos da fábrica o deixa enjoado.

Mas, é por pouco tempo. Logo vai mandar seu currículo, vai fazer prova no Estado – funcionário público com garantias de férias, décimo terceiro, Fundo de Garantia e aposentadoria.

Só que não passa na prova.

Chora.

Mas é passageiro.

De noite vai para a cerveja e o papo galhofeiro.

"Um dia vou achar o trabalho que me apraz."

Esse dia não chega.

A vida vai rolando.

A mulher que você ama casou com o seu amigo.

Você a encontra toda semana.

Casou com a prima dela, menos inteligente, menos bonita.

Uma boa mulher, é verdade.

Mas é time reserva, time dois, e você sabe.

Vai levando.

Precisa de *coach* (palavra da língua inglesa para designar orientador), precisa de pessoas especializadas para tratar o mal que o devora, a falta de vontade de viver, o desconhecimento de si mesmo e o desencanto com a própria vida, trabalho, família.

Tem casa, tem filhos na escola.

Tem roupas, tem carro.

Só a vida não tem graça.

Mas, isso também passa.

E, nisso de que tudo passa, a sua vida passa correndo. Você não sabe apreciar cada momento.

Quando se apercebe o pé já está na cova.

E é cova rasa, daquelas que só pode ficar um tempinho, pois logo por outro será ocupada.

Quem se importa?

Quando morrer, que o caixão – se houver – seja dos mais baratos. Pode ser de papelão, pode ser um saco plástico, um lençol ou só a terra pura.

Quem sabe o fogo do crematório? Flores? Não, não precisa de muitas. Mesmo que os floricultores estejam sofrendo perdas enormes e as flores, morrendo, sem servir de adorno, de presente, de carinho, de oferta de vida e de beleza. Símbolos da transitoriedade – como tudo que é, foi e será.

Prantos também não.

"Porque nasci numa terra enxuta e magra, onde a sede fez secar os olhos."

Ninguém virá ao enterro.

Morreu de coronavírus.

O coveiro cobre a face com máscara manchada de terra.

No crematório é proibido abrir o caixão ou chegar perto.

Pouca gente.

Você não quis ir.

Tinha medo de ficar doente.

Não foi ao enterro.

Não foi ao crematório.

Pelo celular, o padre, a pastora ou a monja faz a prece funeral. De longe, tudo virtual.

Ficou em casa, trabalhando: *home office*.

Por que em inglês?

Assim como *mindfulness*.

Por que em inglês?

Fica mais bonito, melhor?

Mente cheia, mente completa.

Mente vazia seria *mind emptiness*.

Bem melhor.

Esvaziar-se de sentidos sem sentido.

Esvaziar-se de ideias, conceitos e preconceitos.

Desmantelar os personagens criados, forjados, assumidos, que aprisionam a liberdade de viver pleno.

Há alguns anos, no Facebook, uma professora de ioga chamada Ferrari – nome lindo, de carro maravilhoso e de pessoa estupenda – sugeriu a mente vazia em contrapartida ao modismo da mente cheia.

Cuca fresca.

Mais leveza, menos drama.

A Secretária de Cultura do país não quer falar de morte, de defuntos, de cemitérios, quer cantar a vida. É possível separar morte de vida?

Vida morte vida morte vida morte vida.

Cuca fresca.

Nada que incomode, que cause tristeza?

É preciso sentir o que sentimos, identificar e tomar atitudes adequadas. Transformação.

Publicamente dar os pêsames pelos mortos. Uma frase, um gesto público é esperado de pessoas públicas.

Talvez depois dos 70 anos não gostemos do obituário, pois o nosso está próximo e não queremos pensar no assunto?

Morte é boa amiga. Não é inimiga a ser evitada ou combatida.

Morte é vida. Movimento, transformação, continuidade descontínua.

Onde foi parar a sua inteligência, graça, arte, cultura? Sua intrepidez e audácia? Ficou no passado, na juventude? Agora resta acomodar-se a nomes, cargos, títulos, papéis fantoches?

No cinema, no teatro, na novela vivenciou personagens mais audazes. Agora resta o que restou de quem fomos para quem nos tornamos.

Trabalhar a distância tem suas dificuldades.

Não sabemos tudo o que está acontecendo com

nossos colaboradores, colegas, lideranças.

Há lacunas de comunicação.

Perdemos alguma ligação?

Tomam decisões sem consultar?

Como fica minha vaidade, se sou apenas um nome em um cargo que não exerço?

Querem me afastar?

Essa percepção nos faz tomar decisões enérgicas. Lembro-me que há alguns anos pedi demissão do cargo de Presidente do Conselho Religioso da Associação Zen-Budista do Rio Grande do Sul. Já não era mais consultada sobre as atividades. Quando perguntava quais seriam as futuras programações, diziam não saber, não terem se programado. Depois, informalmente me informavam. Por quê?

Longe, tão longe São Paulo de Viamão e de Porto Alegre. Quantas léguas a cavalo? Larguei meu laço e chicote, deixei o chimarrão esfriar, deitei o cabelo e me desliguei de lá.

Entretanto, o vínculo com discípulas e discípulos continua. Vou para aulas, palestras, retiros. O Zen permanece vivo no Via Zen de Porto Alegre e no Vila Zen de Viamão. Propostas de ecovilas, sustentabilidade, respeito à vida e sua diversidade. Parabéns. Há um momento em que os filhos e as filhas querem mostrar aos pais que são capazes de tomar decisões sem consultar os antigos.

Hoje há netas e netos discípulos.

O caminho segue caminhando.

Entre erros e acertos, de longe vou acompanhando. Lamento cada derrapada, cada tombo. Alegro-me com o retorno ao equilíbrio e ao lombo. Gaúchos são fortes guerreiros, decididos, confiantes, exemplos a toda gente.

Os anos nos fazem mais pacientes e compreensivos. Já passei por essa estrada. Entendi o que se passa.

Com o correr da carruagem...

Trabalhar a distância funciona quando há comunicação virtual contínua e eficaz. Como se estivessem todos juntos no mesmo lugar. Compartilhando projetos e informações. Trazendo para perto quem está distante.

Entretanto, há momentos em que quem está ao seu lado está mais distante do que o Monte Everest da cidade de São Paulo. Não é a proximidade física que nos permite a intimidade.

Tornar-se íntima, íntimo com você mesmo.

Conhecer seu corpo, compreender sua mente.

Nuances sutis. Complexidades.

Identificação de propósitos e propostas.

Sem precisar nem falar. Estamos juntos.

Vamos juntos atravessar as dificuldades que nos atravessam, cortam, lanham, ferem por dentro.

Água e sal. Arde e cura. Restaura. Purifica.

Para bom entendedor, meia palavra basta.

Talvez tenha sido Confúcio a dizer que ao apontar para um canto, a pessoa sábia é capaz de compreender os outros três cantos da sala.

Há quem nada compreenda.

Mesmo com dez mil explicações.

Tempo de maturação.

Mas, esse trabalhar em casa, para algumas pessoas é bem difícil.

Há tantas outras solicitações, necessidades.

Filhos, mulher e sogra.

Marido, avô e neta.

Cachorro, gato, passarinho.

Peixe, aquário, planta, jardim.

Dor de dentes, mal-estar, fome, excesso de comida, sede. Falta água. Sabonete.

O santo papel higiênico. Em alguns países da África e da Ásia não se usa papel higiênico.

O fundador da nossa ordem no Japão, mestre Eihei Dogen, já no século XIII, ensinava aos monges que se lavassem com água e cinzas depois de evacuar. Deixou detalhes precisos de banhos de assento, banhos de imersão, como escovar os dentes, lavar os hábitos monásticos e purificar a mente.

Trabalhar em casa complica – precisa fazer comida, lavar roupa, limpar o chão.

Trabalhar em casa é difícil, a televisão conta o número de infectados e de mortes. Pouco falam do número dos que se curaram ou do número de pessoas que morrem todos os dias... E quantos nascem?

Foco, foco, foco, onde foi?

Vou meditar.

Não adianta.

Cessam por uns minutos os pensamentos, as ansiedades e logo surgem várias solicitações.

De longe vem a cobrança.

— Terminou sua tarefa?

— Quase terminando — responde.

Nem começou.

Medo de perder o emprego trava as ideias.

E agora?

Trocar a fralda do bebê.

A mulher com diarreia – teria sido a fruta passada?

Bebê chora, está assado.

Vida, vida, Severina.

Severa é a vida. Você não sabia?

Está na hora de dormir – e o dia passou, foi...

Respiradores? Falta de ar.

A vizinha foi internada.

Ainda bem que não estive com ela nos últimos dez dias. Agora só mais cinco e vou ter certeza que não fui contaminada.

Será?

Catorze dias entubado, pacientes graves.

Estão respirando, alguns morrem, outros sobrevivem. Alguns ficam três ou quatro semanas com tubos de plástico pela goela abaixo.

Ninguém sabia como seria.

Só sabemos quando acontece.

O ponto de virada é esse. O presente.

Viver com plenitude, morrer plenamente.

O ponto de virada só existe no instante de virar.

O medo, a ansiedade que antecede a realidade é passado, acabou.

Agora a ação se manifesta.

Quarentena são quarenta dias, gente?

Já se passaram sessenta e continuo fechada.

De repente a periferia, esquecida, abandonada, está na televisão reclamando que não tem água encanada; sem esgotos, no lixão as crianças brincam e a senhora sentada lava roupas na mesma água suja que corre com lama e desejos – a mesma que vai usar para cozinhar. Só agora nos demos conta de que há pobreza e miséria? Que há fome, geladeiras vazias, quando geladeiras há. O que fazer, administração pública?

Saneamento básico em todo lugar. Por favor! Para que possamos dormir mais tranquilos e paremos de reclamar de ter que limpar alimentos na portaria.

O pai chega do hospital, o filho corre em sua direção gritando:

— Papai! Papai!

O pai dá dois passos para trás, coloca as mãos na frente e diz:

— Longe, filho, fica longe, não pode me abraçar.

A criança recua.

O pai começa a chorar.

Está exausto.

Trabalhou por mais de quinze horas.

Não pode chegar em casa.

Não pode abraçar o filho.

Você já sentiu isso?

Ele, o pai, trabalha em um hospital. Pode estar contaminado. Precisa tirar as roupas e os calçados, tomar banho e, mesmo assim, sem beijos e sem abraços.

Estamos em junho. Uma pessoa morre por minuto por causa do coronavírus no Brasil.

Você está com medo?

"Quem não tem medo não serve", diria o professor Mario Sergio Cortella.

Quem não tem medo não é capaz de se precaver, de se cuidar, para não ser contagiado nem contagiar.

Vamos virar para cá e para lá?

E a fome daqueles que não têm nome e sobrenome? Cesta básica, fome zero... Comida na mesa, no prato. Ambulantes vendem para quem? Pouca gente nas ruas, e quando não houver mais ninguém? Já não há em certas zonas. Há outras impossíveis de controlar.

Do outro lado do hospital, o meu menino com as cem facadas entre a vida e a morte.

Acabou voltando para casa, para o seu antigo quarto. Prisioneiro de seu próprio corpo. Não fala mais, continuará de fraldas, impossibilitado mesmo de sentar numa cadeira. Lúcido. Lucidez pode ser também uma maldição. Ou não. Tudo depende de como respondemos às circunstâncias em que estamos.

E tudo se transforma tão rápido: céu, inferno, purgatório?

No zen-budismo há seis mundos: inferno, animais, seres insatisfeitos, seres humanos, briguentos e seres celestiais. Rodamos por cada um deles várias vezes ao dia. Ser humano pode despertar, perceber a roda que nos roda. Ao perceber se liberta, pois sabe que é transitório e não age atabalhoadamente. Reflete, escolhe, atua com sabedoria e tato. Torna-se um ser iluminado. Desperta.

O senhor com pedra na vesícula, cheio de dor, terá que esperar. E o jovem que caiu da *bike* quebrou a clavícula, precisa operar. Está tudo acontecendo nos hospitais – a amiga se recuperou de um mal-estar. A outra está na quimioterapia, com medo de se contaminar.

Nas salas de hemodiálise, o susto em todas as faces.

Doadores de sangue aguardam resultado de testes para coronavírus. Alguns doam o plasma purificado, pois foram contaminados e sobreviveram – seus anticorpos podem beneficiar quem não os tenha.

Os cemitérios lotados.

Novas covas, novos espaços são criados para os mortos, as mortas, os corpos que logo estarão putrefatos.

Gosto de ver os coveiros protegidos como médicas e enfermeiros.

Medo que nos faz cuidar, proteger e continuar.

Pacientes.

Paz cientes. Cientes da paz. Onde está a paz? Onde

foi que se esconderam, minha calma e certeza, minha confiança e fé?

É possível estar tranquila mesmo no olho do furacão? Aliás, é a única solução. Não há outra possibilidade. É onde estamos. E onde estamos é o centro de nossa vida. É o melhor lugar do mundo, pois é onde estamos vivendo neste instante. Podemos procurar ser excelentes em nossas ações e pensamentos, palavras e comportamento. Ativos em tranquilidade. Tranquilos em atividade.

Serenos nas incertezas. Incertos na serenidade.

Estar consciente da realidade é fazer o que precisa ser feito: colocar óculos, máscaras, *face shield* (proteção facial, em inglês) de plástico, protegidos como astronautas, todos cobertos.

Engenharia pensante faz novas descobertas de máscaras, de protetores, de respiradores...

Prevenções de outras doenças também se desenvolvem nos laboratórios, agora com dinheiro suficiente para pesquisar curas, compreender doenças, vírus e seus comportamentos.

Trombose pode ocorrer em quem está com o coronavírus, a Covid-19.

Embolia pulmonar – não teria nada a ver? Mas pode acontecer. Foi assim na Europa: depois da recuperação da UTI, iam para o quarto de recuperação e muitos morreram subitamente.

Não é fácil. *Burnout* – outra palavra inglesa para descrever o queimar-se, a exaustão emocional e física de lidar com tantas necessidades. Sem máscaras, sem luvas, sem proteção suficiente... Pessoal da saúde exaurido.

Muitos caindo afetados, doentes ou mal curados.

Morrem também os valentes soldados.

Fizeram o voto de salvar vidas. Ganham umas, mas perdem, perdem, perdem sem parar.

Parece que a perda deixa mais memórias do que os ganhos e as vitórias.

Há muitas curas, recuperações. Gratidão!

Quem vive e quem não vive? Como escolher quem vai para o respiradouro?

Depressão... Cuidado. Não queira nem tente se matar. Corrija o erro e continue a cuidar.

Ambulâncias cantam pelas ruas e avenidas.

Um canto agudo e triste, mas esperançoso.

Ainda há leitos, ainda há postos de saúde e hospitais, há remédios, atendimentos e curas.

Tão difícil respirar...

Coveiros a postos.

E caixões, haverá?

Estão acabando – e agora?

Como os vamos enterrar?

Qual é o ponto de virada?

Quando as pessoas vão entender a importância de ficar em casa?

A jovem bem calçada e bem-vestida, corre com o celular amarrado no braço.

Outra vem com seu Golden (cão grande, caro, peludo, dourado) passear na praça.

Lá há crianças brincando com bolas, passeando lado a lado, outros pedalando e rindo, gente correndo, caminhando, outros conversando sentados, bem próximos – seriam parentes, casais? Moram juntos, com certeza, quero para mim mesma afirmar.

Gente, fiquem em casa!

Da minha varanda eu grito, um grito que não é ouvido. Faço *lives* pedindo e exigindo que acordem, despertem e aguentem ficar em suas casas.

Há uma analogia budista que bem pode aqui se encaixar.

Seres humanos foram comparados, por Buda, a quatro cavalos:

O primeiro cavalo, ao ver a sombra do chicote, galopa faceiro, sem precisar apanhar.

É como a pessoa que ao saber do coronavírus em Wuhan, na China, percebe que a vida está por um fio.

Lembra-se da finitude, da transitoriedade, do inesperado e aprecia cada dia a sua vida. Sente prazer na existência e também se prepara para o que possa chegar.

O segundo cavalo só galopa se sentir o chicote no lombo. É como alguém que ao saber de uma pessoa pública – um ator, uma atriz, um político ou uma imperatriz – ter sido contaminada, percebe que a vida é breve e transitória. Passa a ter mais cuidado, a viver com alegria, apreciando cada dia. E se prepara para o caso de o vírus chegar até onde está.

O terceiro cavalo precisa levar tal chicotada que fira sua carne. É a pessoa que só desperta para a realidade quando alguém muito próximo e querido se contamina. Pode ser pai, avó ou irmã e filho.

Dói.

Então desperta. Toma cuidado. Chora, se lamenta e se levanta. Passa a viver com mais cuidado, percebendo a interconectividade e a impermanência. Prioriza o carinho, a ternura, o respeito ao presente, ao futuro e ao passado. Constrói uma realidade mais digna para toda a humanidade – com seu privilégio de haver despertado, faz o bem sem olhar a quem.

O quarto cavalo só galopa quando o chicote fere tanto que chega até seus ossos. Representa a pessoa que só se dá conta da realidade quando está contaminada, quando tem um diagnóstico – talvez fatal. A morte se avizinha: o que é essencial? Percebe e analisa toda sua vida. Sabendo que está no fim passa a apreciar cada instante. É só nesse momento que galopa, que corre, se entrega, aceita, confia e agradece.

Até antes disso reclamava, resmungava e fingia ser eterno.

O ponto de virada só vai acontecer quando você estiver para morrer?

Pense e se cuide. Desperte e aprecie.

Faça a virada agora.

O ponto. Um ponto.

No mosteiro

Ela estava virando as roupas no quaradouro.

Talvez você também não saiba o que é isso.

No passado, para as roupas ficarem bem brancas, colocávamos as peças ensaboadas sobre uma chapa de metal – chamava-se quarar a roupa. Podia ser sobre a grama ou no chão de ladrilhos ou cimento. Sobre a terra não, iria ficar manchada.

Deixávamos algumas horas e depois lavávamos. As roupas brancas ficavam brancas, muito brancas.

Hoje isso não existe mais nas grandes cidades – com exceção de raridades – e as pessoas usam produtos químicos bem fortes para embranquecer.

Há quem tome remédios para mudar a cor da pele. Uns as querem mais claras. Cansados das discriminações, dos preconceitos, sofrem e querem se transformar, ficar parecidos com pessoas incapazes de reconhecer a beleza em cada ser. É. Ah! Que isso possa mudar.

Voltando às roupas brancas: uma jovem monja

francesa, que não falava japonês, estava no Mosteiro de Nagoya. Ela era *mignon* (pequena, em francês), bonita e alegre. A nossa superiora logo se encantou com a sua presença e sua prática de zazen, ambas excelentes.

Isso causou inveja em algumas monjas que fizeram de tudo para atormentá-la, destruí-la, afastá-la. A inveja é assim, quer acabar com a outra pessoa – um dos vícios, pecados humanos. Incapacidade de ver, de entender.

Eu estava terminando minha formação religiosa e já não residia no mosteiro. Ia uma vez ao mês para retiros e treinamentos especiais. Nesses dias ela sempre conversava comigo, algumas vezes chorava e comentava sobre abusos e discriminações que sofria. Culturas diferentes.

Eu a orientava para deixar passar e terminávamos rindo das situações, que pareciam tão dramáticas, e apenas representavam a insegurança das monjas que a atormentavam.

O último episódio aconteceu quando eu não estava por perto. Aliás, pouco depois de eu ter saído do mosteiro de Nagoya para um retiro, de onde só voltaria um mês depois.

A jovem monja francesa lavou todas as toalhas de mão dos banheiros e as deixou ensaboadas sobre a grama, pois não havia quarador.

As monjas japonesas correram para a superiora e comentaram que a francesa tinha enlouquecido completamente, pois em vez de lavar as toalhas, as tinha colocado com sabão sobre a grama.

Ora, a jovem não falava uma só palavra em japonês e não soube explicar que essa era uma maneira de deixar tudo bem limpo, sem manchas.

A superiora, aturdida por vários comentários que sempre traziam sobre a jovem noviça, e vendo a menina que chegara alegre se tornar tristonha, decidiu chamar o professor dela, que estava na França, para que a levasse de volta.

Quando cheguei ao mosteiro ela já não estava mais.

Expliquei à superiora e a todas as monjas sobre o hábito antigo, ocidental, de quarar as roupas – o que ela teria feito era normal, natural. Não era loucura.

Mas a jovem estava longe, nunca mais a encontrei pessoalmente.

Há uns poucos anos recebi um e-mail dela.

Casara-se, tivera filhos e vivia bem, no interior da França. Deixou de ser monja e se tornou mãe.

Fiquei pensando nos caminhos da vida, que nem sempre se apresentam como imaginamos.

Hoje ela faz mapa astral e procura compreender até quem não a compreendeu. Está tudo nos astros, nos céus...

No céu e na terra, absoluto e relativo funcionam como uma caixa à sua tampa. Entretanto, discriminações e abusos devem ser punidos como crimes contra a humanidade. Não podemos fazê-los, aceitá-los ou desculpá-los.

Em japonês a expressão é: *shinai, sasenai, yurusanai* (não faça, não permita que façam, não desculpe quem discrimina, abusa, exclui).

Sabedoria e compaixão

Nossa superiora no Mosteiro Feminino de Nagoya é monja desde criança. Fez mestrado e doutorado na Universidade de Komazawa, em Tóquio. Foi a mais jovem abadessa do mosteiro feminino de Nagoya. Mais tarde também assumiu a orientação das monjas que se formavam para ocupar cargos de futuras professoras de mosteiros e algumas, até mesmo, abadessas.

Nossa superiora era a primeira a acordar, a última a ir dormir. Incansável, atendia a todas nós e a pessoas de fora, praticantes, que vinham solicitar seus conselhos e ensinamentos.

Alegrava-se com a inclusão de monjas que chegavam de outros países. Esforçava-se para se fazer entender e transmitir a verdade sagrada dos ensinamentos de Buda.

Havia quem não aprovasse, quem não quisesse receber estrangeiras. Lembravam-se das bombas atômicas e da educação japonesa que afirmava que só pessoas japonesas são capazes de desenvolver certo grau de sensibilidade. Estrangeiros, nunca. Chamam de educar o *kokoro*, ou *shin*, essência, espírito, coração do ser.

Desenvolver o respeito e a delicadeza com toda natureza e com todos os seres é ter *kokoro*. Tornar-se sensível às necessidades de quem está próximo. Oferecer um alimento, um objeto, que percebeu encantar o seu convidado. A arte de estar presente para o outro, atenta ao outro, sensível ao outro.

Isso é treinado nas casas mais antigas e tradicionais e também nas casas mais modernas e nas escolas. Eu estava certa de que seria parte do treinamento monástico, que todas as noviças seriam estimuladas ao amor e à compaixão, a praticar o caminho dos seres bondosos, sábios, compassivos, iluminados. Entretanto, essa jornada é íngreme e áspera. Nada pode ser imposto ou forjado. Cada uma de nós precisaria chegar a esse ponto por meio do seu próprio desenvolvimento espiritual. E muitas de nós ainda engatinhávamos.

No budismo, esse estado superior de desprendimento é chamado coração ou mente de uma Bodisatva ou Bodaisatva.

Bodi ou *bodai* significa iluminado, desperto, e *satva* é ser, em sânscrito. Logo, um ser iluminado é aquele ou aquela que aceita para si situações adversas e que coloca sua vida, seu treinamento, sua prática e os ensinamentos à disposição de outras pessoas, para que estas atinjam os níveis superiores de compreensão da verdade, os níveis mais elevados de pureza e bondade sábias.

A sabedoria é considerada a mãe de todas e todos os Budas. Em sânscrito, as palavras usadas são Prajnaparamita – sabedoria que atravessa, chega a outra margem, é completa, atinge seu objetivo, a perfectibilidade do ser.

Não é se tornar perfeita, mas procurar a perfeição. Aperfeiçoar-se. Praticar o caminho que conduz todos os seres ao contentamento com a existência, mesmo nos momentos mais difíceis e conturbados. A capacidade de nos lembrarmos que há perfeição mesmo na imperfeição. Que somos e podemos ser capazes de perceber a realidade assim como é e nos tornarmos agentes de transformação para o que virá a ser. Sem lutas, sem insultos, sem agressões. Compartilhando o vazio de uma autoexistência substancial independente ou separada. Tudo e todos interligados e em mutação. Capazes de formular transformações saudáveis para toda humanidade. Sem guerras, discriminações, preconceitos, abusos de qualquer espécie.

Viver Prajnaparamita é manter sempre alerta a mente de compaixão, o querer bem a todos os seres. Sem rancores, sem raiva, sem procurar sombras de negatividade, deixar a luz da sabedoria brilhar para o bem comum.

Capacidade de compartilhar, de compreender,

de transmitir, de ensinar, com força e leveza, com ternura e beleza.

Chorar as dores do mundo.

Rir as alegrias da vida.

Compreender e apontar caminhos e soluções, sem apegos e sem aversões.

A superiora do Mosteiro Feminino de Nagoya foi, é e sempre será uma grande inspiração, para mim e para todas as monjas que por lá passaram, passam e passarão. Ela era, é e sempre será a manifestação viva da Sabedoria e da Compaixão. Ensinava com doçura. Repetia inúmeras vezes a mesma lição, sem jamais se irritar ou usar do sarcasmo. Fazia-nos perceber nossa própria insuficiência e nos apontava as práticas da perfectibilidade. Ela era o amor e a compaixão que eu esperava encontrar em todas as noviças.

As noviças, assim como eu, trilhavam com dificuldade essa senda. As que acessavam o nível da mestra logo iam embora, cuidar de seus templos. Ficávamos nós, impregnadas de valores mundanos, julgando e condenando umas às outras, incapazes do olhar profundo e amplo da superiora.

Só nos últimos dias, ao saber que íamos embora, parece que nossos corações se abriam e percebíamos a grandeza de haver praticado em tal mosteiro. Mesmo aquelas com as quais tivemos dificuldades de relacionamento passaram a ser, como fora ensinado pelos nossos vários professores e professoras de treinamento monástico, seres iluminados disfarçados a nos mostrar o caminho.

E houve o vento, os hábitos revoltos ao me despedir. Depois de oito anos, com grande alegria fui capaz de agradecer àquele local sagrado, onde mulheres se juntam a meditar, orar, estudar, trabalhar e cultivar a mente iluminada. Quem disse que seria tarefa fácil?

Precisamos vencer a nós mesmos. O primeiro passo é conhecer a si mesmo, o segundo é abandonar pensamentos e valores comuns, para adentrar o estado do não-eu. Então, e só então, todas as circunstâncias se manifestam como o próprio caminho, a verdade e a realidade se fundem e a vida ganha uma nova dimensão.

Postura correta, pensamento correto, vida correta, fala correta, meio de vida correto, compreensão correta, atenção correta, meditação correta.

Há sempre tanto a aprender...

Antes de ir para o Mosteiro Feminino de Nagoya, eu pratiquei no Zen Center de Los Angeles.

Lá houve uma monja que desistiu de ir treinar no mosteiro japonês e acabou se casando. Um de seus filhos veio um dia me visitar.

Ela havia sido a primeira monja a ser ordenada pelo nosso professor, em Los Angeles.

Era séria, concentrada. Brava, organizada. Severa e disciplinada.

Olhos azuis, nariz fino. Talvez fossem loiros seus cabelos, agora raspados.

Morava no edifício que chamávamos de Zendo, ou seja, sala de meditação. Habitava um dos quartos do segundo andar e compartilhávamos o único banheiro que havia nesse andar.

Existia um outro aposento, chamado Sala dos Fundadores, aberto para liturgias matinais e cerimônias especiais. Só os mais antigos na comunidade ou quem fosse designado para a limpeza podiam entrar. Lá estavam as estátuas dos monges fundadores da nossa ordem no Japão, mestre Eihei Dogen (século XIII) e mestre Keizan Jokin (século XIV). No centro desse altar havia a foto de um monge japonês muito solene e uma urna de porcelana, dentro de uma caixa de madeira, coberta por um tecido brocado. Nessa urna estava parte dos restos mortais do pai de nosso professor. Ele era o fundador do templo Busshinji (Templo do verdadeiro Buda), em Los Angeles.

O nome monástico do fundador era Baian Hakujun Daiosho. Embora eu residisse no mesmo andar, só entrei nesse aposento quando fui escolhida para fazer as preces matinais da limpeza dos altares e preparar as ofertas de chá, doces, frutas e alimentos.

Podia sentir na sala uma sacralidade especial. Havia um silêncio macio e a suavidade de um raio de sol na Primavera. A primeira vez que toquei na caixa coberta de brocado senti em minhas mãos alguma coisa rara e preciosa. Não foi medo, surpresa ou susto. Apenas uma energia suave fluía de lá. Teria sido minha imaginação? Nunca saberei. Entretanto, compreendi que ali estava o coração da nossa comunidade. Eu nem sabia ainda que ali estavam os restos mortais do pai de nosso professor. Nunca comentei isso com ninguém. Achariam que eu estivesse mentindo, ou com maluquices. Mas nunca esqueci essa manhã, o silêncio, o raio de sol, a fragrância de incenso na sala e a energia suave e terna de haver tocado, pela primeira vez, aquele objeto sagrado.

Ah! Nessa época, eu meditava muitas vezes ao dia, participava de todos os retiros, trabalhava na secretaria do Centro de Estudos Budistas, minhas refeições eram todas na comunidade. Havia grupos de estudos, leituras, trabalho comunitário e a lavanderia onde praticávamos a paciência. Certa ocasião um monge mais antigo sugeriu que praticássemos, por um mês, o voto de Bodaisatva (ser iluminado) na lavanderia. Lá era local de desconfortos e brigas, reclamações constantes. Sempre havia alguém que esquecia as roupas nas máquinas. Bastaria retirá-las com carinho e colocá-las ao lado para usar a máquina de lavar ou de secar. Sem reclamar, sem brigar, sem ficar esperando para discutir a relação de poucas máquinas e muitos residentes.

A lavanderia era mais usada nos dias em que o centro de práticas estava fechado ao público – tardes de domingo e segundas-feiras. Foi um mês leve e alegre de cuidado amoroso e simples.

Não houve reclamações, e a partir disso criamos o hábito de cuidar uns dos outros. Acabou que todos passaram a prestar mais atenção e vinham retirar suas roupas das máquinas antes que outro o fizesse – talvez até por vergonha. Mas, funcionou.

Nessa época de noviciado eu tinha criado o hábito de fazer 108 prostrações, três vezes ao dia. Influência dos grupos coreanos, amigos de nosso professor, que eventualmente vinham fazer palestras e práticas conosco. Nessa época, decorei todas as preces que fazíamos, aprendi a tocar os instrumentos litúrgicos – sinos e tambores –, vestia-me de maneira simples e discreta, mesmo antes de me tornar monja. Fui cortando os cabelos, cada vez mais curtos, até que fui morar na casa do professor, pois havia solicitado os votos monásticos e esse era o procedimento. Quem fosse fazer os votos monásticos deveria passar um ano servindo ao mestre e sua família. Uma forma de ele poder observar a pessoa mais de perto e verificar se realmente seria adequada a ordenação.

Assim eu vivia feliz.

Amava limpar os incensários e aparar as velas. Cada dia descobria algo novo e me maravilhava.

Parecia viver uma realidade suspensa. A prática matinal iniciava ainda antes do amanhecer e nunca senti sono ou preguiça para me levantar. Não fiquei doente, nem mesmo tive um resfriado. Vivia a plenitude de haver encontrado o que buscara. Tinha 36 anos de idade quando fui ordenada.

Antes de solicitar os votos monásticos eu havia residido no Zendo – no segundo andar da sala de práticas meditativas e litúrgicas. Também era no Zendo que fazíamos nossas refeições matinais, e durante retiros lá também comíamos o almoço. Apenas o jantar era servido na Casa Comunitária, e cada pessoa podia se servir e comer onde quisesse – no refeitório ou nos jardins. Durante todo o retiro – quer de fim de semana, quer de semana inteira – mantínhamos o nobre silêncio. Nem mesmo olhávamos uns para os outros. Sem sinais, sem olhares, percebendo cada um a si mesmo. Era intenso e agradável. Difícil, mas nos permitia o aprofundamento e a intimidade conosco.

No Zendo, além do quarto da monja mais antiga e da Sala dos Fundadores, havia outros dois quartos para mulheres praticantes – e eu residi em um deles.

Nessa época nós não precisávamos de nada além da cama e de roupas poucas e simples. O meu quarto era usado, durante as práticas, para que a monja professora Charlotte Joko Beck recebesse alunos para as instruções. Eu me sentia muito honrada em poder morar ali.

Durante um *sesshin* – retiro de meditação em silêncio – a monja mais antiga, que habitava o Zendo como eu, se manteve em meditação, durante quinze horas por dia, ao lado de uma jovem grávida.

Acabado o retiro, sua vida mudou. Seus projetos de ir ao Japão para um mosteiro feminino se transformaram no desejo de ser mãe. E assim foi. Continuou monja, mas parou de raspar os cabelos, casou-se e teve filhos. Hoje é uma grande mestra zen nos Estados Unidos.

Outra monja, na época assistente do professor, se preparava para ir ao Japão treinar. Mas o mestre percebeu, durante o ano em que ela morou na casa dele, que seria melhor para ela casar e ter filhos. Assim, ela permaneceu no Zen Center de Los Angeles e se casou.

Quando eu pedi para ir ao Japão, conhecer e praticar no Mosteiro Feminino, no início nosso professor não aceitou a ideia. Depois fez os acertos com a abadessa de Nagoya, e assim me mudei de Los Angeles para Nagoya.

Fui cheia de sonhos e expectativas, baseada nos livros medievais dos fundadores da ordem e de suas regras monásticas. Tive grandes surpresas com a realidade que encontrei, diferente das minhas ideias.

Nos Estados Unidos, havia monjas casadas e solteiras, todos vivendo juntos – mulheres e homens. Nosso mestre não fazia distinção entre monjas e monges, leigos e leigas. Todos eram considerados praticantes dos ensinamentos e assim respeitados e honrados.

No Japão, o mosteiro era apenas feminino, e a maioria das monjas não se casava.

Não é que as monjas não possam se casar. Monges e monjas podem se casar no Japão.

A questão com as monjas é que estas, depois do casamento, precisam cuidar das crianças geradas, além de organizar as finanças da comunidade, atender visitantes, pessoas que venham solicitar cerimônias ou aconselhamentos, além de preparar as várias atividades de um templo. Não são estimuladas ao casamento pelo sistema monástico. Pelo contrário, se a maioria dos monges se casa e é estimulada ao casamento, a maioria das monjas se mantém solteira, e as que não se casam olham com desdém para as casadas, que são discriminadas e pouco convidadas para os grandes eventos de cada templo.

Há vários eventos anuais nos templos. Nessas ocasiões, monges e monjas de templos próximos são convidados a auxiliar nas liturgias e nas meditações. Dessa forma, os monges e as monjas criam laços de amizade. Alguns atualmente estão dando continuidade aos vínculos criados há séculos pelos seus antecessores.

Esses vínculos, geralmente, são apenas entre os monges e as monjas japoneses, com raras exceções.

Além de não criar vínculos contínuos e profundos com praticantes de outros países, as monjas japonesas solteiras também evitam convidar e se vincular com as casadas.

Há monjas que, depois de casadas, forçadas pelas circunstâncias dos trabalhos como esposas, abandonam o hábito. Ocorre também, com raridade, mulheres casadas que decidem ser monásticas. São, muitas vezes, filhas de monges ou viúvas de templos. Algumas se tornam monjas para continuar cuidando do templo e da comunidade local onde sempre viveram. Há poucas que, pelas mais variadas razões, sem ter relacionamento familiar com templos, fazem os votos monásticos – algumas foram casadas e algumas nunca se casaram.

— Será que a pureza depende da não sexualidade? — perguntou uma vez meu mestre de transmissão, Yogo Suigan Roshi, durante uma palestra especial que fez para monges e monjas professores dos ensinamentos, abades e abadessas, bem como noviças e noviços, na cidade de Sapporo, ao norte do Japão, na ilha de Hokkaido.

Ele insistia que o caminho da natureza é o mais puro e verdadeiro. Lembrei-me do *ex libris* de meu pai, um papel que ele colocava em todos os seus livros, perfeitamente encapados e uniformes, numa biblioteca impecável, que só ele podia limpar: *Una regio in naturam versus* (só há uma direção a seguir: a natureza).

A pureza não está na virgindade, mas na maneira como a sexualidade é vivenciada. O caminho da natureza é o mais simples e puro.

É natural.

O caractere japonês *kanji* para a palavra darma, ou lei verdadeira, é escrito com três pingos de tinta – que são representantes de água, e ao seu lado o caractere correr. O correr das águas é a Lei Verdadeira, a realidade, os princípios ou a essência da vida. Ou seja, seguir a correnteza é adentrar o Caminho de Buda.

"As águas correm e retornam aos oceanos" é uma frase usada em várias liturgias.

Nessa mesma palestra, Yogo Roshi comentou sobre um grande mestre zen, solteiro por muitos anos, que renunciou à sua renúncia ao mundo, já com mais de 70 anos de idade, casando-se com sua secretária. Teria ele deixado de ser um sábio e um grande mestre por ter se casado?

Certa ocasião, quando estava em um treinamento especial para futuros abades e abadessas de mosteiros, fomos todos juntos visitar um famoso mestre zen, Kosho Uchiyama Roshi. Ele era esse monge de que falara meu mestre. Vivia numa casa simples. Éramos um grupo grande, talvez de oito ou dez monges. Sua esposa nos serviu chá, e ele nos disse:

— Renunciei à família duas vezes: uma ao me tornar monge, e a segunda ao abandonar o mosteiro onde fui abade por muitos anos. Agora sou casado, e muito me interesso a estudar comparativamente a Bíblia.

Ele sorria. Teve grandes discípulos e discípulas e nunca deixou de ser um monge e mestre zen da tradição Soto Shu. O casamento não o desqualificou para nada.

No Japão, a maioria dos monges se casa – geralmente com filhas de outros monges.

O casamento não é proibido. Atualmente há monges casados com monjas – mas ainda é raro.

Ir além dos valores mundanos, valores comuns de uma sociedade, adentrar o caminho dos sábios e manter a pureza, a dignidade dos votos monásticos não significa exatamente a não sexualidade.

Há quem, no Sul da Ásia, não considere os monges e monjas japoneses como verdadeiros renunciantes. Com isso meu mestre, Yogo Roshi, se irritava, principalmente quando esses mesmos religiosos, que desconsideravam as ordens japonesas, iam ao Japão para estudar nas universidades budistas, se tornavam dependentes financeiros de templos de monges japoneses e solicitavam auxílio financeiro para voltar aos seus países e para cuidar de suas congregações no sul da Ásia.

"A renúncia verdadeira transcende a própria renúncia", dizia Yogo Roshi.

Além do além fica o real.

Perceba a verdade, a realidade, compreenda a natureza e suas necessidades.

O que é, assim como é.

Sem nada a esconder.

Nada extra e nada faltando é o girar da roda do Darma – a roda dos ensinamentos verdadeiros.

Compaixão e sabedoria – parceiras e grandes companheiras de quem vive pelos votos.

Merenda escolar

Agora chegou a hora dos professores e professoras, diretoras e diretores se dedicarem ao trabalho de entregar a merenda escolar para crianças e adolescentes – algumas das quais só se alimentavam nas escolas. Estamos na pandemia do coronavírus e não há suficientes luvas, máscaras, roupas para proteger os entregadores de cestas básicas ou merendas escolares. Teriam que trocar de casa em casa.

Não há parâmetros necessários para essas trocas contínuas. Em alguns lugares, até mesmo agentes de saúde, que tentam medir a temperatura da população ou fazer testes, cobertos das roupas de plástico, máscaras, luvas e assim por diante, são postos a correr pela população local das comunidades carentes, aos gritos:

— Vocês não vão nos contaminar.

Diretoras e diretores de escolas, professoras e professores terão que aprender com os motoboys das entregas, com os que pedalam levando alimentos de casa em casa, como fazer para não contaminar ninguém nem serem contaminados.

Vão estar na linha de frente – que se preparem.

Fazer armaduras de plástico para a face, para as mãos, os pés.

Não levar vírus de carona para casa ou para as casas de seus alunos.

Do lado de fora da porta, os produtos essenciais – água sanitária misturada com água pura para desinfetar-se.

Água e sabão para o corpo todo.

Casas pobres, casas médias.

Chão de terra, chão de asfalto, chão de pedras ou pedregulhos.

Não é mesmo assustador?

Mas as crianças precisam de comida e de amor.

O presidente de Israel aparece na rede pública de TV lendo história para crianças.

Você leu alguma história para uma criança hoje?

Gravou no celular?

Encaminhou para alguém uma mensagem doce como a merenda escolar?

Nossa mente tem fome.

Não só de notícias reais.

Temos fome de fantasias, de imaginação, de propostas de alegria, de samba-canção dos anos 1940.

Vamos ler poesia, entender a rima do rap, do hip hop, perceber a dor e também o amor.

A mente pode se contaminar com o vírus da raiva.

E também pode se curar.

Vamos transformar a nós e ao mundo? Basta sentir compaixão, ternura, compreensão mesmo por aqueles que parecem tão estranhos e maldosos.

Meu menino continua na UTI – o das cem facadas. Dívida de drogas? Alguém precisa entender que conosco não tem vez.

Ficou devendo, vai ver. Vai ser morto, arrebentado, para todo mundo saber. É o mundo do crime, sem perdão, sem acordo, meu irmão.

Se não pagar vai levar, até no inferno vou te encontrar.

Há quem fique sem pés e mãos, enforcados nos centros de reabilitação.

Tudo isso acontece enquanto você se esquece de lavar as mãos.

Nada de Pôncio Pilatos. "Não tenho nada a ver com isso – de vocês é a decisão."

Há muita gente assim, que não quer assumir a responsabilidade.

E daí?

Está na hora de encarar a trampa.

Olhe de frente, mas com *face shield* transparente.

Proteger-se é proteger a vida de toda a gente.

Está ficando tarde.

Estamos esperando o vírus, que abate poucos, assim diziam.

Quantos porcos estão agora sendo abatidos?

Não são eles bichos lindos, mansos, bonitos?

Podem ser pets, em casa, como gatos e cachorrinhos.
Você come carne.
E quando o gado é levado para a morte, sentindo e sabendo que vai morrer?
Dói.
Dor forte.
Mas e a cenoura, coitada, que de um só puxão é arrancada do solo, da vida?
Nós, humanos, vivemos de outras formas de vida.
Você faz as suas escolhas que eu cá tenho as minhas.
Se você me convencer, eu passo a comer o que você recomendar.
Mas agora estamos nus.
Sem alimentos, sem roupas.
No meio da mata.
Sobreviver até de comer insetos, formigas...
Tudo é muito relativo.
Em um momento é correto, em outro é inadequado.
Como escolher o caminho, se você anda de lado?
Caranguejo na praia, branquinho.
Corre pelo meu corpo.
Tenho 20 anos de idade, na praia da Boa Viagem.
Brisa suave do mar.
Praia vazia.
Não há prédios na orla, nada ainda foi construído.
Há mais de cinquenta anos.
Água de coco no coco e vou nadar.
No mar eu perdi meu coraçãozinho de ouro que levava na argola do brinco de orelha furada.

A onda levou.

Perdi meu coração dourado.

"*I have been looking for a heart of gold*", cantava em Londres um amigo de Aberdeen.

No hotel, em Recife, não consigo me encostar em nada.

Vermelha, ardendo.

Fico sentada, sem roupa, com fome e muito queimada.

Nem percebi. Deveria ter sido uma boa viagem... Ventava. Brisa do mar refrescante, não senti o calor e a força do sol.

Naquela época não havia o perigo dos tubarões. Nadei, pulei ondas. Quase ninguém na praia. Caranguejos brancos subiam e desciam meu corpo, como se eu fosse um tronco largado nas areias brancas, tão brancas como os caranguejos.

Passou.

Tudo passa.

Um jovem passou também, falava de extraterrestres. Quem seria?

Na redação do jornal, de volta a São Paulo, tinha um jornalista que pesquisava os carros desaparecidos nas estradas do Brasil – havia dado uma sonolência danada. Foram para o acostamento e quando acordaram estavam nos Estados Unidos.

O carro tinha marcas de ter sido levantado e lá colocado.

Seriam extraterrestres?

O carro foi confiscado e pediram ao casal que nada comentasse. Estudo secreto.

Secretos estudos. Ordem secretas. Misteriosas. Transmissão secreta.

Fica emocionante fazer parte de um grupo secreto – não conte para ninguém!

Não conte nem para você.

Como fica sua vida secreta, de agente?

Será melhor vida de gente?

Meu pai não nos contava nada de sua vida pública ou privada.

Quem era meu pai, quem foi ele?

Memórias despedaçadas como as páginas de um livro feito de folhas de árvores – papiros.

Algumas se perderam, outras estão rasgadas.

Dá para ler algumas linhas, outras foram rabiscadas.

Conhecíamos as nuances de seu estado mental pela cor de seus olhos. Se estivessem muito azuis, cuidado. Estava bem bravo.

Você se conhece?

Conhece a cor de seus olhos?

Vá até o espelho e espelhe-se.

Agora experimente ficar bravo, com raiva – a cor muda?

Seus olhos castanhos. Você consegue ficar com raiva assim só por querer, para ver sua face no espelho? Não é fazer cara de raiva, é sentir de verdade.

Dizem que os algoritmos nos computadores serão capazes de nos ver em grande profundidade. Identificar pela íris dos olhos quem somos e o que sentimos, nossos apegos e aversões.

"Sem apegos e sem aversões, o Caminho é livre", escreveu um monge budista muito antigo.

Você é livre? Você precisa que algoritmos identifiquem para você quem você é, pelo que sente atração e rejeição? Ou você se conhece e se reconhece a cada instante na incessante mudança individual e social? Nunca somos as mesmas pessoas e nunca somos outras pessoas.

Como fica? Quem fica e quem vai? Há onde ir? Sem ir nem vir.

Uma vez fui a um médico que fazia o diagnóstico pela da íris dos pacientes.

Os computadores estarão fazendo o que alguns médicos já fazem. Identificar por meio da íris algum desequilíbrio físico, mental ou social.

E a pupila? Estamos todos na pupila do olho de Buda. Estamos todos envolvidos pela pupila do olho de Buda. A pupila, o buraco negro por onde a imagem penetra e se revela através da consciência da visão.

Pense nisso. Medite sobre estar envolvido pela pupila do olho sagrado. Quem é você? O que é você?

Que buda é esse? Que sagrado é esse que está em você e em tudo à sua volta?

A rainha Elizabeth II fala aos ingleses para que mantenham a autodisciplina, a quieta ou calma determinação e o bom humor – característica do povo. Para que se mantenham em suas casas, pois quando acabar poderão se reencontrar com amigos e familiares.

A preocupação de todos os governantes sobre as questões econômicas dos mais frágeis, dos mais pobres.

Desemprego aumenta.

Aumenta, aumenta.

De onde vieram tantos desempregados se as empresas se comprometeram a não os despedir por três meses?

Já eram desempregados ou querem receber a oferta governamental?

Há quantos anos desempregados?

Alguns são profissionalmente desempregados.

Outros, realmente necessitados.

Quem decide, julga, escolhe?

Como soltar os detentos das cadeias – quem libera e para onde?

Há campos de trabalho?

Ou vamos apenas abrir as portas das celas e das cadeias para aqueles que são mais influentes? Ou foi sorteado nos dados ou nas balas, nas pontas das facas? Quem decide, julga, escolhe, seleciona e se responsabiliza?

Momento de cuidar, compartilhar, de aquietar-se e seguir as orientações de ficar em casa.

Casa, que casa?

Antes a casa era o lugar de dormir, comer, descansar.

Agora também é o local de conviver, de trabalhar, de fazer atividade física.

A casa ficou maior e parece imensa.

Paciência. Quero sair correndo, mas só posso correr em círculos, como os cães malucos que procuram morder seus rabos.

Na TV francesa, duas pessoas animadas ensinam exercícios. São irresistíveis por sua alegria em se exercitar. De repente me levanto e estou esticando pernas e braços.

Precisamos nos exercitar, comer, dormir, rezar.
E o amor? Beijos na nuca?
Namorar? Viver o presente... Presente que ganhamos de trabalhar com calor e alergias, tantas roupas, aventais, máscaras, óculos, telas, luvas.
Calor!
Morre um, morrem duas, morrem sete.
Queria tanto que vivessem.
Triste.
Morremos a sós.
Sempre.
A morte é nossa.
Nosso privilégio íntimo.
Ninguém pode morrer por nós nem pode morrer a minha morte.
Cada pessoa morre a sua morte e é natural morrer.
Sem medo.
Isso me lembra uma poesia de Machado de Assis, chamada "Uma criatura",* que minha mãe declamava em noites de encontros familiares:

Sei de uma criatura antiga e formidável,
Que a si mesma devora os membros e as entranhas,
Com a sofreguidão da fome insaciável.

Habita juntamente os vales e as montanhas;
E no mar, que se rasga, à maneira do abismo,
Espreguiça-se toda em convulsões estranhas.

---

* Disponível em: <http://objdigital.bn.br/Acervo_Digital/Livros_eletronicos/ocidentais.pdf>. Acesso em 05 jun 2020.

Traz impresso na fronte o obscuro despotismo;
Cada olhar que despede, acerbo e mavioso,
Parece uma expansão de amor e egoísmo.

Friamente contempla o desespero e o gozo,
Gosta do colibri, como gosta do verme,
E cinge ao coração o belo e o monstruoso.

Para ela o chacal é, como a rola, inerme;
E caminha na terra imperturbável, como
Pelo vasto arealum vasto paquiderme.

Na árvore que rebenta o seu primeiro gomo
Vem a folha, que lento e lento se desdobra,
Depois a flor, depois o suspirado pomo.

Pois essa criatura está em toda a obra:
Cresta o seio da flor e corrompe-lhe o fruto,
E é nesse destruir que as suas forças dobra.

Ama de igual amor o poluto e o impoluto;
Começa e recomeça uma perpétua lida;
E sorrindo obedece ao divino estatuto.
Tu dirás que é a morte; eu direi que é a vida.

Na morte, morremos.
Na vida, vivemos.

Sem velório, sem parentes, sem amigos nos enterros. A realidade de uma pandemia, o perigo da contaminação faz-nos lembrar que nascemos sós e morremos sós.

Como nas guerras, como nas ditaduras onde pessoas desaparecem.

Tudo passa, e vivemos essa passagem no agora.

Caminhar em plena atenção.

Sentir os pés no chão. Presença pura é iluminação.

O número de contaminados diminui.

Há menos mortos.

Aos poucos vamos nos preparando para atividades fora de casa – com muitas máscaras, luvas, roupas – pois o vírus continuará se espalhando e você terá de levar as crianças às aulas para poder trabalhar.

Alguns têm pressa em voltar ao normal.

O que é normal?

Vivíamos de forma normal? Será que não estávamos distantes uns dos outros? Será que não estávamos descuidando da vida em sua multiplicidade de formas? Será que realmente apreciávamos nossas vidas, nossas rotinas, trabalho, família, práticas? Ou foi a mudança que nos fez perceber o que antes não percebíamos?

Por que não continuamos todos em casa?

Você gostaria que fosse assim ou anseia para sair?

Imaginemos cidades grandes com menos trânsito, menos poluição, famílias desenvolvendo mais intimidade, todos cuidando de todos com respeito e dignidade.

Poderá ser assim.

Dependerá de cada uma, cada um de nós.

Compras virtuais, entregues em sua porta, por robôs, talvez? Ou por pessoas necessitadas, ao abrir novos mercados de trabalho.

Carros sem motoristas? Vai demorar ainda, mas já está acontecendo. Vivemos eras distantes ao mesmo tempo. É fascinante observar o passado e o futuro se fundindo no presente.

Atividades físicas sem esforço e sem suar?

Será que logo estaremos lá? Basta pensar nos músculos, como num livro antigo chamado *Um estranho, numa terra estranha?*

Ou será que o futuro será diferente de tudo que possamos imaginar?

Assim como o corona que esvazia as ruas e enche os hospitais, as casas e os cemitérios.

Lágrimas de alegria e palmas quando alguém se cura. Lágrimas de tristeza e silêncio quando alguém morre.

Palmas e gratidão a quem trabalha nos supermercados, farmácias, feiras livres, restaurantes. Vaias e exclusão a quem anda sem máscara e tosse nas ruas.

Quem retira o lixo e varre calçadas e sarjetas, repletas de coronavírus, merece nosso respeito e gratidão.

Todo o pessoal da saúde.

Aplaudido e amado.

Temido e insultado.

"Não venham nos contaminar."

Amor e ódio, interdependem um do outro.

Seremos capazes apenas de amar sem odiar?

Casamentos, uniões, por ternura, interesses comuns, amor.

Depois passa, como tudo. Se não cuidar, se não cultivar o relacionamento, se não houver respeito mútuo, a ternura se vai, acabam-se os interesses comuns e o amor sai devagar e tristonho pelas frestas do descuido. Ainda olha para trás. Será que me querem de volta? O orgulho impede a reconciliação. Reconciliar exige humildade e coragem. Tentar novamente. Refazer a tessitura. Cerzir. Trabalhoso, fio a fio. Precisa ser feito em conjunto. Sensação de ter falhado, não ter conseguido, e apontamos o dedo para o outro. Você foi responsável. Podemos continuar eternamente em ódio e tristeza por um sonho que não soubemos sonhar juntos. Alguns conseguem cerzir. Outros saem frustrados. Outros se sentem livres e vencedores. Alguns aprendem alguma coisa e numa nova relação se tornam bons cuidadores. Outros continuam repetindo os mesmos erros com diferentes parceiros.

Até quando? Até o momento da virada.

Há quem culpe a si. Há quem culpe ao outro.

Há quem culpe o governo, o vizinho, a amiga, a vida.

Há quem não culpe e perceba a impermanência.

Entre presidentes e ministros – assim como nas empresas entre CEOs e seus diretores, gerentes e associados –, todos parecem casais amorosos e apaixonados ao iniciar um mandato. Depois brigam, ficam de mal, fazem cenas públicas, discutem a relação e se separam, magoados.

Houve traição, houve desrespeito, houve abuso de autoridade, houve o que houve e o que não ouviu e não ouve o movimento contínuo de ir e de vir. De juntar e separar. Havia sonhado tanto.

Larguei tudo por você, e agora você me larga assim, na rua da amargura, sem trabalho, sem salário, sem férias, sem décimo terceiro, sem amor, sem carinho, sem filhos, sem documentos.

Há um momento de alívio, depois da briga, de falar publicamente tudo, tudo que aconteceu.

Se o meu passado foi lama
Hoje quem me difama
Viveu na lama também

Música antiga, que Olga cantava ao violão.
Para tocar violão ela não tirava os anéis.
Era alegre, sorria. Prima-irmã de minha mãe.
Reuniões de família.
A gente é assim, feito de pedaços, como uma colcha de retalhos.
Alguns grandes pedaços, outros são fragmentos tão pequeninos que nem sabemos onde um começa e o outro termina.
Memórias, lembranças.
O que sobrou?
De tudo que você leu e estudou?
Se não repetir constantemente, se deixar de ler e estudar restará apenas uma leve e distante memória.
Só mesmo sendo professor, professora, repetindo e repetindo todos os dias, todos os anos, reforçando a memória tanto e tanto que jamais se esqueça.
A não ser que seja visitado pelas doenças neurais – esquecer de quase tudo, misturar datas e autores, conceitos e confundir o hoje com o passado. Pouco depois do almoço pensa que não comeu. Não discuta, concorde. A mente humana surpreende e muitas vezes a ciência não sabe como lidar. Sabe apenas que contrariar piora.
 Sem futuro? Qual futuro?
 Queremos tanto saber como será depois.

Há depois?

Certamente há e certamente não há.

Você consegue viver e ser feliz sem saber se haverá um amanhã?

Ouvir estrelas?

Amor que alegra, dá sentido aos sentidos todos.

Pode passar e pode ficar – dependerá de como for tratado. Reflita. Como está agora? Faça ser tão bom que consiga parecer pouco o tempo compartilhado.

Quanto ao vírus, molécula de proteína coroada de gordura, não é um organismo que possamos amar e desejar. Tão pequenina, invisível e reproduzível nas células humanas. Também não a podemos odiar. Além dos sentimentos humanos. Quer viver, se reproduzir. Não está se vingando dos seres humanos. Não é castigo divino. Não é carma prejudicial. É. Assim como é, é. Por nos fazer sofrer e alguns matar, precisamos encontrar as drogas que nos permitam sobreviver, sem sofrer demais.

Na vida há muita insatisfação.

Há causas para a insatisfação: nascimento, velhice, doença e morte.

Será que almejamos a vida eterna?

Mas a vida é eterna.

Nós é que não somos eternos e nos apegamos tanto aos personagens que criamos para nós mesmos que os queremos eternos.

Mas somos frágeis nas criações dos personagens que representamos.

Máscaras. Usamos inúmeras, trocamos sem parar. Imagine tirar todas as máscaras que você tem usado para interagir. Usar apenas a máscara que evita o contágio do vírus letal.

Não verá os sorrisos, os dentes brancos ou falhos, o bafo fétido ou o hálito perfumado.

Não verá o nariz, se grande, pequeno, largo, arrebitado.

Mas verá os olhos.

Os olhos não mentem.

Revelam o mais íntimo.

Vamos nos olhar nos olhos, nos cumprimentar com as mãos palma com palma e nos olhando.

Inteiros e inteiras uns para os outros.

Não mais aqueles abraços quando olhamos para o lado.

Não mais os beijos forçados, formais, educados e sem ternura.

Mas o olhar profundo, sem fingir, sem esconder.

Mãos palma com palma.

Lado direito e esquerdo unidos.

Inteira, inteiro para você.

Pode ser assim – vamos treinar?

Talvez até 2022 o vírus ainda esteja atuando. Anticorpos. O que é um anticorpo, uma antimatéria? Corpos e anticorpos. Matéria e antimatéria.

Sem os anticorpos nossos corpos sucumbem, e o vírus nos enrijece cessando a flexibilidade e o funcionamento de alguns órgãos.

Interessante troca de palavras.

O ser e o não ser, o que é, é feito de tudo que não é.

Como uma folha de papel é feita de tudo que não é papel: planta, arbusto, árvore, machado, serra elétrica.

Ah! Não destruam a Amazônia!

Por favor.

Deixem as árvores em pé.

Não matem a Mata Atlântica, já tão esburacada pela ganância imobiliária, agro. Que pena!

Papel feito de árvore, de metal, de Sol e de Lua, de terra e sal, de corpos e horas, de vento e de estrelas. Alimentos e sonhos, amores e reprodução – toda a vida do cosmos em cada partícula da folha de papel.

Em casa

Muitos de nós, durante a pandemia, ficamos em casa, voltamos para casa.

Qual é essa casa para a qual voltamos e na qual devemos ficar?

Reflitam.

Você está em casa?

Sempre em casa?

Onde quer que você esteja está confortável e em casa? Ou há locais onde não se sente bem, não se sente em casa? Você é capaz de descansar e trabalhar aqui? Percebe que aqui está sua vida?

Ou pensou que estaria lá ou acolá.

Pense nisso.

Estará feliz quando acabar?

Voltar ao normal?

O que é normal? O que é voltar?

Só podemos ir, ir, girar, virar – aprisionados à Terra pela Lei da Gravidade, giramos com ela.

Melhor apreciar.

Alguns conseguem ir além, em foguetes espaciais.

De longe, bem longe, veem a Terra e se enchem de ternura pela bola azul onde ficam tantas dores, nascimentos, mortes, amores, desamores.

Montanhas, mares, cidades, lixo, sujeira, mentiras, verdades, silêncios, ruídos, poesias, travessuras e travessias.

Zazen, a meditação sentada, pode ser uma das condições para você voltar e ficar em casa.

A nossa casa comum – o planeta Terra.

Vamos mantê-la organizada, valorizada, fértil, saudável e agradável de estar? Sala de estar, de ser, de *interser*.

No hemisfério Norte o desabrochar das flores é a Primavera.

Muitos na China não foram ver as cerejeiras em flor. Elas floresceram assim mesmo. Belíssimas.

A emissora de rádio NHK fez um programa sobre as cerejeiras em Kyoto. Havia uma harpa tocando à noite, sob as delicadas pétalas que ficam por apenas alguns dias e logo caem suavemente. Este ano, as árvores estiveram mais sossegadas, sem tantas pessoas.

Floresceram como sempre. Percebe que quando nos formos – ou se não formos – a vida continua?

Lembro-me do *Livro do desassossego*, de Fernando Pessoa. Uma pessoa que conheci em Portugal há dois anos, quando fui lançar um livro no Festival Literário de Óbidos, me enviou o livro pelos correios. Não chegou até mim. A pessoa desassossegadamente me perguntava sobre ele, que, depois de meses, voltou a Portugal e a quem me enviara. Só fui recebê-lo no ano seguinte. Um livro grosso, grande.

Quanto desassossego!

Palavras criam realidades.

Revelam ou escondem, camuflam.

Os olhos, nunca.

Sentei-me ao lado da estátua de Fernando Pessoa, na porta do Café Brasil.

Depois fui à livraria quase em frente. Por lá havia andado também Eça de Queiroz, meu velho e grande amigo. Em frente ao seu retrato e aos seus livros, recebi de presente da livreira o livro *O Mandarim*. Que maravilha. O primeiro livro que li aos 9 anos de idade. Quantas fantasias, imagens, sonhos, descobertas. De Portugal até a China. E o sino... Basta tocar o sino...

Da China só conhecia os romances de Pearl Buck.

Trocadilhos. Quem diria que um dia eu viveria na Terra do Sol Nascente? Oriente.

Oriente-se... Orientei-me.

Certa manhã – eu era pequena ainda –, meu pai trouxe contente um quadro e o colocou na parede da sala de visitas – a sala de estar da casa de minha mãe. Era um quadro rural do Japão, uma casa de agricultores, as cerejeiras em flor, o Monte Fuji com a cabeça coberta de neve, pinheiros, uma senhora idosa dando de comer a galinhas.

Quem diria que um dia eu iria residir em um lugar assim? Que iria mendigar em casas como essas?

Ainda se pode ouvir o murmúrio do riacho, bem na frente da plantação de arroz – nessa estação do ano, a Primavera, o arroz crescendo verdinho.

Esse quadro ainda está comigo. Ainda estou lá e o Japão continua aqui comigo. Amada Montanha Fuji, que a cada manhã a cumprimentava – quer de perto, quer de longe. Montanha sagrada. Bela, imponente por ser única, por ser só.

Atividades internacionais deste ano, todas canceladas. As autoridades japonesas nos convidam a ir ao Japão no ano que vem – jogos olímpicos no verão, mas, antes disso, quem sabe, apreciar as várias espécies de cerejeiras nas delicadas sutilezas de suas diferenças – imperceptíveis aos olhos pouco treinados.

Cerejeiras em flor, símbolo da beleza efêmera da vida. Pétalas tão delicadas, algumas quase brancas, outras em vários tons rosados.

Algumas levam sete anos para florescer. A florescência dura alguns dias, e as pétalas macias formam um tapete suave. Crianças brincam jogando pétalas umas sobre as outras. Já enchi minhas mãos delas e as fiz chover sobre alguém...

Depois surgem as folhas e as estações do ano vão se manifestando simultaneamente com as cores das plantas, das árvores, das flores, dos frutos, das montanhas, dos rios e dos mares. Tudo se transforma simultaneamente.

"O desabrochar da flor é a Primavera."

Maravilhosa frase que transforma o pensar comum de que é na Primavera que a flor desabrocha. Um quase nada, um sutil mudar da frase e toda a realidade se transforma.

No outono as montanhas de Fukui eram pintadas de amarelo, marrom, vermelho. E depois a neve as vinha cobrir de branco, como se um pincel mágico deixasse tudo quieto. Gelado e branco. Dedos queimados pelo frio, e com eles bati o arroz cozido no pilão. Depois comemos os *mochis* (bolinhos de arroz especial) – deliciosos e recém-preparados, no mosteiro de Hosshin-ji, em Obama.

Ah! Que bênção viver e praticar o Darma de Buda.

Pedir esmolas na neve e voltar repleta de alegria. Dor, muita dor nas mãos, mas o coração cheio de vida.

"Eu e a Grande Terra e todos os seres juntos simultaneamente nos tornamos o Caminho."

Palavras do Buda histórico ao acessar a iluminação, o despertar da mente iluminada, clara, sábia e amorosa.

O "eu" dessa frase é a Grande Terra.

A Grande Terra é todos os seres.

E todos juntos somos o Caminho.

Ensinamentos encontrados em um livro extraordinário chamado *A transmissão da luz,* escrito por Mestre Keizan Jokin Daiosho Zenji – cofundador da ordem Soto Shu, no Japão do século XIV.

Nesse livro, Mestre Keizan reuniu as histórias da linhagem, desde o Buda histórico até Koun Ejo

Zenji, discípulo sucessor de Mestre Eihei Dogen (1200-1253), fundador da ordem Soto Shu.

Não há um caminho separado, independente.

Nada tem uma autoidentidade substancial, independente, separada.

O que há é a interdependência.

Ensinamentos de mais de dois mil e seiscentos anos. Essa percepção da realidade se opõe ao antropocentrismo – o ser humano como centro da vida na Terra. Hoje chamamos de biocentrismo, ou seja, a vida é o centro da própria vida.

O ser humano precisa reconhecer seu papel, função e posição no planeta. É possível se perceber a interdependência da vida, não apenas intelectualmente, racionalmente, mas por meio da experiência viva.

Zazen é essa experiência profunda e sutil, desconfortavelmente confortável, pois nos atravessa e faz atravessar a intimidade mais profunda do *interser*.

Olhar profundo, de sabedoria, de longo alcance.

"É uma casa portuguesa, com certeza, é com certeza uma casa portuguesa."

Os xales de minha avó e suas pantufas.

Estava sempre de avental. Era séria.

Depois foi ficando triste, levaram o seu amor embora.

Que ficasse ali ao lado, sem falar nada mesmo. Era ele, ainda que calado.

Os filhos e filhas vinham trocar a roupa do pai, até que chegou o dia final – para o hospital.

Vovó, depois me dizia, no quartinho escuro – pois a luz a incomodava –, com seu sotaque português:

— Eu o queria pertinho de mim.

Vou viajando no tempo, sem rumo e sem documento.

Da casa antiga, longa, comprida que era estreita assim na frente, vem a memória do tio, que ficava no porão – onde era mais fresco, abrindo e fechando rádios.

Rádios de ouvir notícias, novelas, propagandas de xarope São João.

Nem TV havia ainda.

Era uma maravilha.

As ondas de rádio.

Até hoje é fascinante.

Todas as segundas-feiras vou à Rádio Vibe Mundial, 95.7 FM.

O que significa 95.7?

Sei que é um número de canal de rádio que posso selecionar no carro.

Não tenho rádio em casa. Hoje pode-se ver e ouvir programas de rádio nos celulares, nos computadores, no Facebook, no Instagram...

Meu tio, irmão de meu pai, era magro, de nariz fino e tinha também olhos azuis. Amava abrir e fechar rádios, mexer, trocar as válvulas. Rádios tinham válvulas que pareciam pequenas lâmpadas finas e longas.

Tantas coisas.

O primo de minha mãe era radiologista – médico.
Curava pessoas por ondas de rádio.
Não havia quimioterapia.
Câncer.
Nos enterros, era chamada de "aquela doença".
Nem o nome se dizia. Será que só de falar transmitiria? Era feio morrer de câncer?
Tempos de tempos sem tempos de entender.
Abrindo o baú do vestido de noiva.
Era cor-de-rosa, o baú.
O vestido era branco, justo, longo. Bonito.
Viemos de navio da Europa, teríamos saído do Porto de Gênova?
O vestido fora comprado em Paris, costurado e rendado, bordado, no corpo.
Na grinalda uma flor, onde eu deveria colocar a joia da família.
Joia da família?
Minha família já não tinha joias.
Silenciosamente passeava pelas ruas de Paris, colocando a mão direita no ombro esquerdo de minha mãe.
Compramos sapatos Dior e Saint Laurent.
Saltos finos e bem altos.
Vestido cor-de-rosa, justo, de linho, com flores pequenas, delicadas, bordadas perto da linha do pescoço. Uma loja próxima ao Museu do Louvre.
Que maravilha. A *Vitória de Samotrácea* muito mais forte e bela que *Vênus de Milo*.

E as cores de Delacroix – verdes-escuros, azuis-escuros – corpos humanos perfeitos, vivos e mortos, no quadro *A Liberdade guiando o povo*. Nas proximidades outro quadro do romantismo francês, pintura belíssima e forte *A balsa da Medusa*, de Géricault – balsa de náufragos. Alguns esperançosos pela salvação, esticando olhos, braços, corpos e outros mortos, largados.

Arte da Cidade Luz. Assim era chamada Paris Luz das artes, da literatura, dos espetáculos, da inteligência, da intelectualidade. A língua francesa nos faz pensar, nos provoca a pensar, dizia minha mãe. E se lamentava da educação norte-americana que banalizava, simplificava tanto que ninguém mais pensava, raciocinava.

Minha mãe fora criada na época em que a educação no Brasil seguia o modelo francês.

Fomos visitar a Sorbonne, onde o marido da prima Elza, Pierre Havelca, dava aulas de Filologia.

Pierre era interessante. Fazia biquinho para falar. Cabeça redonda, óculos de aros finos. Quando minha mãe perguntava a ele, à mesa, se gostava de algum alimento, ele respondia, com biquinho:

— Não sei. A Elza é quem sabe.

Achávamos curiosa a sua resposta. E ele dava de ombros.

Sempre de terno.

A alegria de minha mãe ao viajar, além de visitar a prima que morava em Paris, era visitar museus, universidades, teatros e estar em locais onde ocorreram episódios importantes da história europeia da humanidade. A história que nos ensinavam nas escolas.

Ninguém estudava a Ásia, a África, a Oceania.

Nem mesmo a América Latina, América Central... Partes do mundo como se fosse o mundo todo.

O vestido era fechado, justo, sem decote, sem mangas, com um zíper atrás.

Gostávamos de comer perto da Sorbonne, em um restaurante simples, de estudantes e professores onde havia a deliciosa Coquille Saint Jacques. O hotel e o restaurante foram indicados pela prima Elza. Tudo que conheciam era nas proximidades da Universidade.

A Coquille Saint Jacques vinha servida numa concha do mar e trazia pedaços de seres marinhos cozidos, levados ao forno, em molho branco e gratinado. Era uma delícia. Porém considerada apenas como entrada do almoço.

O garçom se irritava (franceses se irritam com facilidade, me pareceu):

— Qual sua escolha de prato principal?

— *Rien, rien* (nada, nada – uma das poucas palavras em francês que eu sabia na época.)

A entrada e o final me bastavam. Ah! Aquela tábua de queijos e entre eles o brie, que vinha derretendo de macio, sem ser gelado – delícias.

O garçom se irritava. Era um cardápio de almoço completo. Como não comer o prato principal? Ele insistia, e eu não cedia.

Treze anos de idade e magra. Comer não era muito importante. Viver era interessante. Havia tanto a ver e caminhar. Comer era uma obrigação que eu gostaria que fosse bem rápida. Mas minha mãe não estava na mesma fase.

Treinamento de paciência.

Bom mesmo era o café da manhã no quarto.

Minha mãe sempre pedia o café no quarto. Nunca tomei café em nenhum restaurante de hotel quando viajei com ela. Nem na França, nem nas férias no Grande Hotel de Serra Negra, onde tomávamos o café correndo para ir andar a cavalo. Como era divertido viver, montar, jogar bilhar – até isso aprendi com os meninos em uma das férias.

Em Paris a bandeja matinal era farta. Havia deliciosos e frescos *croissants*, manteiga, fruta, queijo, café com leite.

A gente de pijama se sentava na cama...

Os franceses pareciam ter muita raiva dos norte-americanos.

Aliás, em toda a Europa. Andavam com camisas coloridas, óculos escuros, sandálias com meias soquetes e máquinas de fotografar. Só se hospedavam em hotéis norte-americanos e parecia que nunca sentiam o país em que estavam. Viam tudo de longe. Queriam comer comidas norte-americanas, andavam nos ônibus de turistas com ar-condicionado. Não se misturavam com o povo local. Só na hora de fazer compras. Os europeus diziam que os norte-americanos tinham muito mau gosto, sem refinamento nenhum.

Minha mãe concordava. Da mesma forma que para tornar a educação acessível a todos, abaixaram o nível intelectual e todos ficaram menos racionais, com menos capacidade de pensar, refletir, questionar, filosofar... Será?

E agora, como fica Paris, depois do coronavírus?

Será que tudo vai voltar a ser o que era antes?

Nada volta, nunca, nunca!

Terra gira sem parar.

Transformações ocorrem.

Haverá turistas de muitas partes – haverá recessão, pouco dinheiro. Hospedagem mais barata, comida também?

Ou ficará mais caro do que já era?

Na Itália, eu queria comer macarrão e bife.

Isso há uns sessenta anos.

Que absurdo. Não se mistura. E não peçam Coca-Cola. Carne come-se sozinha e macarrão também. Essa era a fala do garçom.

Havia garçons naquela época. Nada de garçonetes. Só homens servindo de uniforme, alguns de luvas brancas... Outros tempos.

Minha mãe tinha que contemporizar – eram meninas ainda, embora parecessem moças...

Garçons bravos.

Gente que não sabe comer.

Não havia pizza em Roma – que absurdo!

No Brasil só havia pizza de muçarela ou aliche.

Duas únicas opções. Na Itália, não encontramos nem uma opção.

Depois de visitar o Coliseu e as catacumbas – túmulos, ossadas, santos e santas devorados por leões a um gesto de mão do Imperador César. Parece que todos eram césares...

Fontana di Trevi. Disseram que se eu jogasse uma moeda, para lá voltaria.

Não joguei a moeda. Nunca mais voltei a Roma.

Viver é perigoso.

Quem seria aquele menino que veio de Minas Gerais com uma grande mala?

Ficou uma noite em nossa casa. Amigo de um amigo, filho de outro amigo do amigo do amigo.

A gente vai morrer, na ponte perigosa.

Era o refrão que esse menino cantava. Um mantra. Toda hora repetia essa frase. Nunca soube o nome dele e nem sei quem o trouxe para passar uma noite.

Depois os de casa contaram histórias – verdadeiras ou falsas? O que teria a mala grande? Roupas, drogas, armas, dinheiro, revistas? Ou estaria vazia? Por que o menino falava da ponte perigosa – da morte?

Nunca saberei.

Há episódios que ficam assim truncados.

Caixões lacrados.

Sem autópsia – para não contaminar os médicos. E as médicas? Por que plural sempre masculino? Quando escrevo no feminino, as pessoas que corrigem textos me corrigem e colocam no masculino. Isso em jornais, revistas, livros.

Recentemente recebi uma mensagem sobre um dicionário de termos que podem e *devem* ser usados também no feminino... Mulheres e homens em vez de homens e mulheres – o que você acha? Não pela gentileza de *ladies first* – mulheres primeiro, em inglês –, que isso também é discriminação. Mulher mais fraca, vá na frente, cuido de você, sou homem, mais forte.

Puxar a cadeira, abrir a porta, ficar do lado da rua e a mulher do lado da calçada. Parece um carinho, um cuidado, mas coloca sempre a mulher como frágil, que precisa ser protegida pelo homem forte. Nem sempre é assim.

Meu avô contava da tia Emengarda. Nome maravilhoso. Ainda mais porque a história tem como instrumento principal uma espingarda. Logo, o nome ficou inesquecível.

Era época de eleição na cidade em que moravam.

Naquela época, os senhores que queriam votos mandavam seus capangas ir de casa em casa, armados, exigir que votassem no seu senhor, senão...

Bem, estava tia Emengarda em casa com seu marido, homem miúdo e medroso.

Quando bateram à porta, ele foi correndo se enfiar embaixo da cama, com o penico.

Sabem o que é penico? Era uma espécie de baldinho ou tigela funda que ficava embaixo da cama para urinar durante a noite. Os banheiros costumavam ser do lado de fora da casa.

Bem, ele se enfiou embaixo da cama e a tia Emengarda pegou a espingarda. Quando abriu a porta, apontou para os dois homens, que saíram numa disparada.

— Nesta casa ninguém manda — batendo a porta com força, e o marido saiu debaixo da cama.

Fui criada com histórias assim, de mulheres valentes...

De outro lado, meu pai gostava de mulheres intelectuais. "Aquela é escritora, a outra advogada, a terceira médica"– para nos inspirar.

Nada de costura, bordado, cozinha. Estudar, ler, desenvolver o intelecto. Ele gostava de história.

Tinha uma biblioteca bonita, livros encadernados e em ordem. Sempre na beiradinha das estantes. Nada de livros enfiados no fundo. Ah! Se agora ele visse como meus livros se empilham para cá e para lá, muitos sem ler, aguardando estes momentos de quarentena.

Mesmo assim ficam de longe me chamando, e eu passo fingindo que não os vejo, mas cheia de desejo. Encontro várias outras tarefas e aquilo de que mais gosto, deixo para depois.

E fica sendo o depois do depois do que já foi.

Necrotério.

Corpos que não podem ser autopsiados, abertos, examinados. Causa da morte? Suspeita de coronavírus. Ninguém mexe...

Familiares são avisados. Sem velório, enterro rápido. Transportadores das funerárias e coveiros paramentados como médicos astronautas.

Famílias querem velório, querem chorar para se despedir. Seria mais digno.

Será que precisamos de velórios e de lágrimas ao morrer?

Nascemos e morremos sós.

Mesmo gêmeas, mesmo acidentes grupais.

Mesmo a pandemia.

Nosso momento de nascer é só nosso.

Nosso momento de morrer é só nosso.

E é natural nascer. E é natural morrer.

O medo é ferramenta importante na gestão de pessoas, dizia Maquiavel. (Ouço o professor Pondé comentando na TV ligada às minhas costas, no Jornal da TV Cultura.)

O medo nos torna mais atenciosos, cuidadosos.

Mas apenas o medo pode travar uma sociedade.

Tudo tem sua medida – o caminho do meio.

Buda insistia que o caminho é sem excessos e sem faltas.

Suficiência.

No Butão – será que o vírus já chegou ou vai chegar ou nunca chegará?

Índia vive de energia do Butão.

Rios verdes com pedras brancas. Mosteiros que são castelos de despachos reais e são fortes de proteção ao país.

Felicidade Interna Bruta substitui o Produto Interno Bruto.

Não é bonito? O mais importante é uma população feliz. Mais do que riquezas financeiras.

O rei de Butão despertou para o essencial da vida.

Não é o produto interno bruto o essencial.

Importante é a satisfação, suficiência, alegria de viver do maior número de pessoas.

Essa alegria de viver depende de alimentos, saúde, trabalho. Não é a negação da economia do país. Apenas o foco é outro.

Qual o seu foco?

Qual o seu ponto de virada?

Dizem que se ficarmos em casa vamos dar a virada, que está quase na hora do ponto da virada.

Pode virar para muita gente doente e muitos mortos. Pode virar para suficiência de atendimento médico.

Medo de viver ou medo de morrer?

Medo da recessão?

Medo de perder lucros, carro, casa, dinheiro, ações?

Maior do que o medo de sofrer?

Há quem tenha se matado na crise de 1929.

Que ninguém se atire pelas janelas por perder sapatos, calças, casas e carros.

Momento de refletir, de olhar em profundidade para o seu mais íntimo.

Sugestão para uma vida mais leve e alegre:

Ao acordar, não fale.
Vá ao banheiro, faça sua higiene pessoal e procure um local quieto para sentar alguns minutos.
Sente-se com a coluna reta e respire conscientemente.
Você pode ficar de cinco a quarenta minutos – conforme sua disponibilidade e capacidade.
Depois, se você tem o hábito ou quer criar o hábito de orar, esse é um bom momento.
Terminada essa etapa você pode cumprimentar e conversar com as outras pessoas de sua casa.
A refeição deve ser em silêncio, depois de uma prece de reflexão e gratidão pelos alimentos.
Comer em plena atenção, saboreando cada bocado. Mastigando cerca de vinte vezes, lentamente. Apreciando e presente no paladar, textura, aroma e aparência dos alimentos.
Terminada a refeição, momento de se preparar para as atividades seguintes e mergulhar nelas.

Fazer o seu melhor.
É o trabalho comunitário – que pode ser em casa, no escritório, onde quer que você precise trabalhar.
Fale apenas o necessário.
Use palavras gentis e seja flexível.
Nunca fale mal dos outros.
Não se preocupe com erros e faltas alheios.

Mantenha a dignidade e não se ofenda com piadas ou críticas a seu respeito.

Não se orgulhe se houver elogios.

Ouça, avalie e considere se é necessário fazer algo para mudar ou para continuar.

Antes do almoço, torne a ficar em silêncio por alguns minutos.

Novamente repita, mesmo que seja internamente, uma prece.

Alimente-se devagar e em silêncio.

Descanse alguns minutos após a refeição e mantenha o silêncio para ajudar a digestão.

Volte às suas atividades e sinta o contentamento de estar vivo e do que está fazendo.

Não pense que o bom momento é quando o dia termina – *happy hour* (hora feliz, em inglês).

Cada momento deve ser sagrado, apreciado, curtido, vivenciado.

Há um intervalo durante a tarde.

Aprecie.

Vá até a janela.

Olhe para o céu.

Converse gentilmente mesmo com pessoas que possam provocar você.

Perceba a provocação.

Não caia no jogo, não entre na armadilha.
Fale baixo. Não se esconda. Não finja.
Seja presente e assertivo, sem ofender.
Manifeste-se de forma correta por meio do diálogo.
Ao terminar suas tarefas, recolha e reorganize seu local de trabalho e os instrumentos que usou.
Deixe tudo impecável e agradeça.
Se puder retorne a pé para casa.
Caminhe.
Você pode trocar os sapatos por tênis.
Não leve cansaço nem tristeza para casa.
Aprecie o silêncio e a caminhada.
Ouça mais, sinta mais o chão, esteja presente no presente.
Ao chegar em casa, alegre-se de chegar.
Troque de roupas, calce sapatos confortáveis, tome banho, organize-se para seus hobbies, atividades físicas, jantar, encontro com familiares ou amigos.
Não vá dormir muito tarde.
Uma hora antes de dormir, desligue a TV, celulares, computador.
Leia um bom livro.
Apague a luz e durma bem.
Claro que cada dia é cada dia.
Desenvolva virtudes: paciência, resiliência.
Aprecie a sua vida, a minha vida, a nossa vida.
Quanto menos reclamar e resmungar, mais leve será.
Como manter a saúde física, mental e social?

É preciso chegar no ponto da virada.

Aquele momento em que tudo o que você vinha fazendo, falando e pensando perde o sentido.

Quando o propósito de viver ficou sem propósito.

Você já acessou várias vezes o mesmo canal.

Como se estivesse revendo o mesmo filme.

Alguns são bons de rever, mas se todos eles forem apenas um eterno ver outra vez?

Hora de mudar.

Não é o filme da tela da TV, o canal, apenas. É o seu olhar, sua maneira de ver a realidade que precisa mudar.

O mesmo filme pode ser visto através de múltiplos olhares.

Da luz e sombra, das cores ou não cores, dos cenários, das tomadas de câmera, das vozes e falas, dos gestos e expressões. Ponto de vista do diretor, do autor, do contrarregra, da continuidade e do público.

Vasto público.

Cada um com seus valores e princípios observa o mesmo filme.

Alguns continuam vendo do mesmo jeito, falando as mesmas coisas.

E o filme da vida parece apenas uma repetição de tudo que já vimos e ouvimos.

Hora de mudar

E agora?
Continuo fingindo que tudo está bem?
Ou dou uma guinada?
Olhar em profundidade.
Olhar de sabedoria, de longo alcance.
Há outra maneira de olhar a vida?
Há outra forma de vivenciar a morte?
Sem se tornar um zumbi.
Único Zumbi admissível é o dos Palmares.
O escravo libertador, cujo nome não significa um morto-vivo, mas um homem livre e capaz de transformar valores e conceitos sociais.
E você?
Apenas se acomoda?
Preguiça? Dá trabalho?
Será que algo muito grave precisa acontecer para você perceber que o doce está amargo?
Sorria.
Uma face sorridente transforma a realidade.

Minha superiora devia estar maluca. Face sorridente. Estavam me esfolando. A estrangeira metida, orgulhosa, que gostava de fazer zazen e samu (meditar e trabalhar).

A faxina no templo me encantava.

Ficar suando, exausta.

Passar pano no chão, escorregando as mãos.

Nada de rodos.

Quando era bem jovem, uns 14 ou 15 anos, fui com minha mãe ao Rio de Janeiro. Um grupo de jovens meninas me levou com elas a visitar uma vidente.

Ela morava em um apartamento pequeno. A sala era dividida em duas por um guarda-roupas.

A senhora olhava para o guarda-roupas e dizia ver o futuro.

Eu, incrédula, perguntei a ela:

— Quem vai ganhar a corrida de carros amanhã?

E ela dizia que era difícil ver, pois passavam muito rapidamente.

Perguntei sobre meu marido, que estava correndo no carro de número 33. E ela me respondeu:

— Parece que quem ganha é o 10. Seu marido vai voltar a São Paulo de avião.

Que absurdo, pensei. Realmente tudo *fake* (falso, em inglês).

Qual não foi minha surpresa ao saber que houvera um acidente, que meu marido voara para longe do carro e estava voando da cidade do interior para o Hospital das Clínicas – única chance de sobrevivência.

Todos os ossos do crânio fraturados.

Pois a vidente acertara.

Então me lembrei de outras coisas que ela falou:

— Vejo você limpando o chão, de quatro. Mas, muito feliz! E haverá uma pessoa cujo nome inicia com a letra A, que vai ajudar você.

Ela teria dito outras coisas. Mas não lhe dei atenção. Nunca acreditei em videntes... Mas que há algo, há.

Dizem que o tempo é circular e tudo que virá a ser já foi.

Determinismo ou livre-arbítrio?

Seria também o caminho do meio?

Algumas coisas determinadas por genética, educação, influências internas e externas. E a possibilidade do inesperado da física quântica?

Quebrar e transformar o que estaria predeterminado? A opção não opção.

Questões que precisamos manter acesas.

Quebrar a cabeça tentando entender ou abrir a cabeça e deixar *interser*?

Há um ponto de virada ou tudo já estava predeterminado e o que você chama de ponto de virada era apenas o que você teria de fazer pelo histórico da vida?

Aprendi uma nova expressão em inglês: *"cabin fever"* – literalmente, cabine febril ou febre na cabine ou da cabine, febre na cabana. Pessoas que ficam doentes durante o isolamento social. O termo é antigo. Referia-se a pessoas aprisionadas pelos longos invernos em suas casas, convivendo com familiares sem grandes afinidades. Brigas, depressões, falas confusas, estados alterados de consciência, pensamentos desconexos.

Há casais brigando. Insisto, não é hora de discutir a relação. Houve divórcios e problemas domésticos em todos os países.

Melhor brigar em casa do que morrer na rua.

A contaminação é muito extensa: de príncipes a mendigos, de primeiro-ministro a moradoras de rua, da esposa de um presidente à jovem enfermeira, do atleta ao cozinheiro, da pastora idosa à jovem médica – sem exceção, sem discriminação, sem preconceito. O vírus quer sobreviver. Precisa de uma célula humana para se hospedar. Hóspede terrível, vai demolindo a hospedaria. Depois pula para outro hospedeiro. Atravessa fronteiras, mares, montanhas, o Himalaia, o Grand Canyon. Percorre a Amazônia e chega aos Polos Sul e Norte.

Ninguém fica de fora.

Unidos por pertencimento à mesma família biológica, o vírus descobriu que pode viver em nós.

Mas, nós não conseguimos ficar bem com ele instalado.

Lamentável.

Precisamos encontrar alguma droga que impeça nossas dores, fraquezas, sufocamentos, diarreias, tristezas, sofrimentos.

Alguns se curam e saem contando que foi muito duro.

Seu plasma contém anticorpos – os sobreviventes.

São muitos sobreviventes, mais do que mortos.

Mas são também muitos mortos – jovens saudáveis e idosos vulneráveis portadores de outras doenças/deficiências.

Crianças, bebês.

Onças e gatos.

Sem perdão.

Perdão haveria para um vírus que nem pensa?

Julgaria e escolheria ou apenas se aninharia?

Queremos encontrar culpados.

Se houver um bode expiatório, maravilha.

Dizem que na Antiguidade, quando as coisas não iam bem – onde hoje é Israel e Palestina –, pegava-se um bode (bode mesmo, o animalzinho chifrudo) e colocavam sobre ele todos os crimes, erros, pecados, faltas, objetos, fitas, papéis. O animalzinho era expulso do grupo e vagava pelo deserto até morrer. As pessoas se sentiam livres de suas culpas.

Não é medonho?

Como que nós, seres humanos, podemos ser tão tolos, tão cruéis?

Os Incas, no Peru.

Muita gente visita e se maravilha com Machu Picchu. Que lugar sinistro.

Se havia aquedutos e uma arquitetura incrível, também havia altares de sacrifícios.

Sacrificavam pessoas, mulheres virgens e perfeitas, crianças que não podiam ter nenhuma doença ou deficiência. Ofereciam aos céus para ter plantações, água, saúde.

Matavam seus bebês, suas jovens.

A palavra sacrifício quer dizer o sagrado ofício.

Nada com morte e expulsão.

Um ofício sagrado, como cuidar da vida em sua pluralidade com respeito e sabedoria.

Já fizemos muitas coisas toscas.

Já acreditamos em muitos absurdos.

Mas estamos despertando.

Lento e longo despertar.

Aprendemos a interdependência e a transitoriedade.

Descobrimos que somos o caminho e a verdade.

A vida pulsa e a morte não é repulsa.

Uma não existe sem a outra.

Noite e dia.

Sem perder o amanhecer e o anoitecer.

Amanhecemos e anoitecemos.

Frequento você – você me frequenta – e estamos juntos, conversando, lendo e conhecendo um ao outro. A vida pode ser muito agradável.

Que seja uma boa morte.

O sutra da sabedoria vai além dos valores comuns do bem e do mal.

Todos os seres têm a mesma condição para o despertar supremo. Mas, sem prática não há realização.

Prática correta, esforço correto, fala correta, pensamento correto, ação correta, meditação correta e sabedoria correta.

Não é apenas meditar e se acalmar.

Não é só se tranquilizar e deixar passar.

É se tornar um agente de transformação do mundo.

Não um agente secreto, que rouba, esconde, defende um dos lados, mata, explode, destrói e ao final abraça sua amada numa ilha deserta.

Um agente de transformação da realidade é alguém que desenvolveu a visão correta, capaz de observar em profundidade o que está acontecendo e o que deve ser feito para o bem de todos os seres.

Não precisa ficar insultando, fazendo manifestações de punhos cerrados e palavras grosseiras.

Manifestar-se com ternura e respeito.

Usar meios hábeis para o diálogo.

Ser um exemplo, um modelo de coerência e princípios éticos.

É preciso estudar, meditar, orar, refletir, filosofar.

É preciso se dedicar, sem medo e sem preguiça.

É preciso estar pronta para se lançar, como um foguete, no desconhecido espaço sideral.

Esse espaço, que, como a verdade, não pode ser pego e delimitado.

Esse espaço transparente, onde o tudo e o nada se encontram embrionários.

O arco-íris é lindo, mas também inalcançável.

Vamos pegá-lo?

Da mesma forma a verdade, a realidade que aqui e agora é.

Palavras tentam descrever o indescritível.

Criam-se escolas, divisões, meios expedientes para tentar acessar o inacessível.

Até se foram grupos de grandes eruditos e pensadores, pesquisadores.

Sentado de cócoras, nosso Jeca Tatu mastiga uma grama seca e fica horas, apenas *intersendo* com toda natureza.

Perdemos.

Perdemos sentar embaixo das árvores para apenas *interser*, respirar, sentir as fragrâncias da terra e do ar. Ver as imagens, desenhos das nuvens, e a mosca que faz linhas retas nas curvas.

Ouvir o riacho e a cachoeira.

Ouvir o relincho, o mugido e os passarinhos.

Sentir a doçura da mão que segura as rédeas da vida e leva a carroça repleta de bênçãos a quem as precisa.

Mas é preciso precisar de verdade.

Pois, só quem precisa muito da precisão vai se esforçar, vai procurar e vai encontrar. Só que quando encontra percebe que o encontro é só o começo da procura.

Circular.

Circulando por mundos afora.

O pássaro azul não fugiu da gaiola, mas foi procurado por dentro da terra, da vida, da morte, em todos locais. E ao retornar ao ponto de partida, na árvore bem próxima está a cantar.

Sem a procura não há o encontro.

Sem o encontro não há a procura.

Tudo que começa tem começo, meio e fim.

Onde estamos agora? No começo, no meio ou no fim?

O fim do dia é quase o começo da noite.

Na antevéspera do amanhã eu sorrio para o ontem, e meus olhos ávidos de incertezas tentam alçar uma visão distante do que há de vir.

Silêncio.

O sino toca três vezes.

Sentada na sala de meditação ouço minha própria respiração.

Pensamentos, memórias, sentimentos – tudo passa.

Movimentos, sensações, desejos, aflições. Tudo circula incessantemente. Conexões neurais. Consciências. Quantas? Seis, sete, oito, nove?

Quer contar, quer rever, quer procurar em textos antigos ou no mais recente e eficiente computador de sua própria mente?

Sua Santidade, o XVI Dalai-lama, disse uma vez: "A mente é incessante e luminosa".

Concordo plenamente. Por concordar o repito.

A mente é incessante. A mente é luminosa.

Pura energia multicolorida: *tzzuuuuuuuu.*

Liga e religa, conecta e desconecta, acende e apaga em mil feixes de luz. A cada intersecção uma joia que emite luz em todas as direções.

Analogias budistas da rede da vida.

Nunca para sua atividade brilhante de intermediar mensagens dos pés à cabeça e da cabeça aos pés, passando por todos os menores recôncavos convexos de um corpo humano.

Conhecer a si mesmo – o que há de mais próximo e mais íntimo, muitas vezes é complicado. Buda insistia e Sócrates recomendava: essencial para viver e morrer.

Alguns fogem de si mesmos.

Têm medo de se autoflagrar sendo apenas poeira, poeira e nada mais.

Queremos olhar, examinar o outro, julgar, condenar, admirar, invejar, desejar, cobiçar, roubar.

E o orgulho nos pega na esquina e nos derruba e nos conduz aos quintos dos infernos.

Se e quando saímos estamos torcidos e mal-encarados.

Vamos subindo até o andar em que não há nada e, por isso mesmo, há tudo.

E tu, onde ficas? Tu que me guias por esta estrada como se fosse uma lâmpada na escuridão? Por que apagaste a luz e me deixaste sem visão? Pelo faro, pelo tato, caminho escorregando nos pedregulhos e me seguro em galhos soltos que me fazem balançar como se estivesse na corda bamba.

Equilíbrio depende de desequilíbrio.

Opostos interdependem um do outro.

Depois passa. Tudo passa. Mas não está passando...

Há momentos em que todos ficamos tristes.

Um acordar que nos faz lembrar a pandemia.

O sonho passou. A realidade volta no silêncio das

ruas, mesmo quando alguns ignoram os recados internacionais de ficar em casa.

Você que está em casa com alguém assustador, brutal, mau-caráter, abusador, fique esperta. Se houver perigo real de abuso físico ou moral, espiritual, peça ajuda.

A Polícia continua nas ruas. Continuam trabalhando, armados e preparados.

Mas, nem tanto. São seres humanos semelhantes a nós que fizeram um voto, um compromisso.

Ontem morreram um policial e um bombeiro – não de balas, de tiros, mas de coronavírus.

Estão na linha de frente para proteger e cuidar.

Cada um em sua condição.

Há os bons, os médios e os não bons. Alguns, vítimas de uma cultura de violência, acabam se tornando violentos e perdem a razão. Medo.

O medo torna as pessoas frágeis. Mas o medo é necessário para nos cuidarmos.

Sem excesso e sem falta o caminho é livre.

Suficiência.

Seres humanos sensíveis ao que os outros pensam, fazem, agem, esperam, anseiam, aplaudem, vaiam, silenciam, gritam.

Oposição ou concordância radical?

Concordo discordando, discordo e me oponho frontalmente.

Entre os extremos há muitas, inúmeras possibilidades.

Fiz uma gravação para o sistema prisional – pessoas que trabalham mantendo as prisões, reeducando pessoas em clima difícil de emoções fortes. Que estejam bem. Que encontrem seu eixo de equilíbrio. É tão fácil ser contagiada pela raiva, rancor, medo, agressão. Difícil é se manter firme e correto, sem abusar ou ser abusado.

Nada jamais voltará a ser o que era antes. Não há de voltar. Há apenas o ir adiante.

O final do sutra do Coração da Sabedoria Completa termina com um poema que pode ser lido assim:

Gate, gate, para gate.
Para sam gate.
Bodhi svaha.

Ou pode ter um outro sotaque, esse mesmo trecho:

Gyate, gyate, hara gyate.
Hara so gyate.
Bodhi sowaka.

Se fôssemos traduzir sairia alguma coisa como:

Indo, indo, tendo ido.
Ido e alcançado.
Honra à Iluminação.

É quase uma ode, uma elegia à sabedoria perfeita,

à completude, onde nada falta e nada excede, sem princípio e sem fim.

Queremos sempre nomear e cercar, cercear, separar, distinguir.

Entretanto, a sabedoria completa é transparente como o céu claro. Você consegue pegar o céu?

Ao fechar as mãos, estas estarão vazias. Ao abrir suas mãos, tudo nelas pode caber.

Renovar os votos de beneficiar abertamente todos os seres é manter o compromisso de falar, pensar e agir com sabedoria e compaixão em relação a todas as pessoas e toda a natureza.

Temos de ressurgir como uma nova sociedade mais unida, harmoniosa e generosa.

Ressuscitar para a vida eterna.

Há muitas interpretações.

Não sou cristã. Não me atrevo a elucubrações teológicas.

Mas percebo que estamos vivendo um tempo de renovação. Que seja o despertar da compaixão e da sabedoria, em toda população da Terra.

Dados do dia 12 de abril de 2020:

Mais de dez mil mortos na Inglaterra.

Mais de vinte mil nos Estados Unidos.

Quase dois milhões de contaminados registrados e mais de 110 mil mortos por coronavírus registrados.

Quantos mais estariam contaminados e quantos outros podem ter morrido sem que fossem colocados nas estatísticas?

Os números continuam a aumentar.

De um país a outro.

Teria sido melhor se houvessem sido tomadas outras medidas e com antecedência?

Ou nenhuma medida restritiva e morreriam todos que pudessem morrer?

Especulações.

Cientistas declaram hoje que o vírus ataca o sistema sanguíneo, que acaba prejudicando os pulmões e a respiração.

Nosso organismo humano interligado.

Cada ser humano interconectado a toda vida da Terra.

A vida da Terra é interdependente do sistema solar.

O sistema solar interdepende da harmonia da Via Láctea e esta do Pluriverso ou Multiverso – que soube recentemente não ser mais Universo.

O ar menos poluído e *"a Via Láctea, como um pálio aberto, cintila"* – poesia de Olavo Bilac, me faz lembrar a sala de visitas da casa de minha mãe. Mais estrelas no céu – como na infância.

Meus avós maternos, primos e primas. Reuniões familiares com poesia, declamação, músicas e cantos.

Ninguém se embriagava.

Havia beleza, arte e leveza no ar.

Alguns poemas que minha mãe declamava eram fortes, filosóficos. Outros eram leves, como *"um fru-fru de seda no luar"*.

Clarice Leite tocava piano e ficávamos todos em

silêncio, ouvindo seus dedos ágeis, fortes e suaves. Mágica.

Vovó tocava o Minueto – aprendera música e lia partituras. Vovô, de ouvido, tocava toda e qualquer música no piano ou no violão. Fora através da música que conquistara a vovó. Ela queria ser freira, era Filha de Maria, e quando ia à missa, todos os domingos, colocava um véu transparente na cabeça e uma fita azul-clara pendurada no pescoço.

"Na casa branca da serra", uma das músicas da época.

Olga, prima de minha mãe, era alegre, maquiada, tocava piano e violão, cantava com graça:

Fui a uma festa no rio Tietê,
logo que cheguei me deram pinga para eu bebê,
tava sem fervê...

Não me lembro de discutirem, não me lembro de alguém falar mal de alguém, criticar, julgar.

Era noite de encontro, de alegria, de arte, música e poesia.

Minha infância.

Papai morava perto com sua segunda mulher.

Ele não participava da família Dias Baptista.

Foram tantos Dias Baptistas que perdemos a conta.

A cidade de Apiaí, no interior – entre São Paulo e Paraná –, tem muitos parentes de mesmo sobrenome. Dizem que o Pedro Dias foi um homem grande e forte, que pegava dois índios em cada braço – quatro ao todo. Teve muitos filhos e filhas. Destes, o mais velho, Pedro, era pai de meu avô. Pedro teve dezessete filhos. Meu avô era o mais novo.

Mesa de refeição, todos em silêncio. Botinadas por baixo da mesa. Respeito.

Sempre fiquei imaginando, pelas histórias de meu avô, aquela casa de fazenda antiga, a mesa enorme de madeira pesada, filhos e filhas à volta. O pai de meu avô, filho do capitão Apiaí, preparava seu prato de comida, amassava o feijão com farofa, colocava a couve e acabava dando ao mais novo, meu avô, que ao seu lado aguardava, de olhos compridos, o prato do pai.

Ternura.

Brigas de irmãos, botinas jogadas com força contra o mais novo que vinha acordar aquele que passara a noite na farra.

O que seria a farra?

Tio Horácio teve treze filhos. Meu avô e minha avó tiveram seis, dois morreram bebezinhos e uma, com 21 anos. Sarita. Amada e saudada até o fim dos dias de meus avós e de minha mãe. Teria sido linda, estava noiva; teve tuberculose renal e morreu de choque operatório.

Virou a santa protetora da família.

Cecília, a mais velha que sobreviveu aos trancos das mudanças constantes dos seus pais, era asmática. A segunda, minha mãe, era valente e forte. O pai era seu ídolo e modelo. Nas noites escuras e quietas, fugia pela janela para se colocar na encruzilhada, de braços cruzados:

— Quero ver essa história de mula sem cabeça e de Saci-Pererê.

Para ela nunca apareceram.

Só o céu estrelado e os vaga-lumes.

Gostava de derrubar os boizinhos, pelos chifres, fazê-los ajoelhar.

Provar sua força. Descalça, corria pelos cafezais.

Memórias.

E me lembro tanto de suas histórias.

"São memórias tão antigas que aquela menina de outrora nem sei mesmo se era eu."

Agora eu a entendo, minha mãe.

Bem como a Clarice Lispector:

"Em que espelho ficou perdida a minha face?"

Há um ponto de virada?

Há um momento em que deixamos de ser quem éramos e nos tornamos quem somos?

E quando este ser que agora achamos permanente e fixo novamente se transforma e nos surpreende com um novo olhar?

Quando encontrei o zen-budismo, em Los Angeles, no fim dos anos 1970, redescobri passados e futuros, reunidos no presente.

Aquele presente agora é um passado vago e distante.

Meus discípulos e discípulas, alunos e alunas, praticantes zen, estão cada um em suas casas, fora os que trabalham na saúde e correm de leito em leito.

"É uma dor canalha que te dilacera", canta Walter Franco em algum lugar do passado com um público antigo que gritava: "Canalha".

Naquela época, músicos se apresentavam em público, havia aglomerações.

Agora, tudo isso parece estranho.
Conhecido e distante.
De um passado que já não é.
Presente.
Do estádio do Pacaembu vem o silêncio dos leitos, onde ontem morreu um homem de 36 anos de idade.
Coronavírus se ergue e se torna o pensamento.
Quero correr, voar, relembrar.
Mas a TV me lembra, as mensagens apitam no meu celular e há os silêncios.
No silêncio ouvimos mais.
Ouvimos tudo o que não ouvíamos em meio aos sons e aos ruídos da cidade.
Verdade.
Realidade.
Faz um mês e me dou conta que está bem assim.
Revejo conhecidos e desconhecidos pelas telas.
Ouço vozes novas e vozes velhas.
Eu e a tela do computador... branca e mesclada de letras negras. Sentido, que sentido há em escrever? Quem se interessaria por estas palavras colocadas lado a lado e que no fundo não dizem nada?
Assistir a um filme, ler um livro, escrever um texto – tudo parece redundante e sem sentido.
Sintomas de um mês de isolamento?
Vamos indo, vamos indo.
· Não pense em como será o dia em que vamos todos bailar.
Não conte os dias e as horas.

Isso pode demorar.

Vou falando para mim mesma em muitas entrevistas, *lives*, redes sociais.

— Fique em casa! — grito aflita.

Minhas cadelas querem sair, querem passear.

Vamos até o portão e latimos para quem está nas ruas.

Inveja? Vontade de ser como essas pessoas que saem sem se importar com a contaminação?

Fiz o voto e o compromisso.

Fiquei sabendo que era melhor ficar fechada.

Coloquei até cadeado e corrente – para os de fora e as de dentro nos lembrarmos que sair não é coisa a se fazer assim de repente.

Volto ao meu avô no sofá, tocando violão.

Ele também tocava piano, de ouvido, e me ensinava a cantar.

Eu era desafinada – e ainda sou.

Gostava de poesia, de declamar, de assustar meus primos mais novos que ficavam de boca aberta com minhas poesias nada infantis.

Por que eu gostava tanto de escandalizar, de surpreender, de deixar as pessoas de boca aberta, de não ser o que esperavam, de não falar o convencional?

Hoje leio Mario Sergio Cortella sobre não atirar a primeira pedra.

Sim, queremos culpar alguém por ter feito ou não ter feito.

Que tal amar mais em vez de nos armarmos mais?

Revejo Leandro Karnal, inteligente, palestrando sobre Deus ser como WhatsApp: nos leva por caminhos estranhos e perigosos. Ele é ateu. Mais ateu do que eu. E fala da esperança que gera esperança na Páscoa, passagem de libertação.

Clóvis de Barros Filho escreve sobre o desejo, as inclinações do corpo de aproximação do que gosta e afastamento do que desgosta.

Para o que me inclino e reclino ou declino e me afasto?

Sem afagos – a não ser das cadelas amadas, singelas – vou vivendo, revivendo e construindo o dia, o texto, com letras que juntas formam palavras, que podem ou não ter sentido numa frase, num parágrafo.

"Os olhos veem, ouvidos escutam, língua sente o salgado e o azedo."

Essa frase é de um texto zen, usado em orações matinais nos templos e mosteiros.

Esperava que orações fossem devocionais, de amor, de entrega?

Identidade do Relativo e do Absoluto

A mente do grande sábio da Índia
Estava intimamente ligada de leste a oeste
Entre seres humanos há sábios e tolos
Mas no caminho não há fundador
do sul ou do norte.

A fonte sutil é clara e brilhante
As correntes tributárias fluem através da escuridão
Apegar-se às coisas é ilusão
Encontrar o absoluto ainda não é iluminação

Uma e todas as esferas, subjetiva e objetiva,
são relacionadas e ainda assim
funcionam diferentemente,
Embora cada uma mantenha seu lugar.

Forma faz com que o caráter e
a aparência difiram.
Sons distinguem conforto e desconforto.
Escuro faz de todas as palavras, uma.
A claridade distingue frases boas e más.
Os quatro elementos voltam à sua natureza,
Assim como uma criança para sua mãe.
Fogo é quente, vento é movimento,
Água é úmida e terra é dura
Olhos veem, ouvidos escutam, narinas cheiram
Língua sente o salgado e o azedo.
Cada um independe do outro.
Causa e efeito devem retornar
à grande realidade.
As palavras alto e baixo são usadas relativamente.

Dentro da luz há escuridão
Mas não tente compreender esta escuridão.
Dentro da escuridão há luz,

Mas não procure por esta luz.
Luz e escuridão são um par.
Como o pé na frente e o pé atrás ao andar.

Cada coisa tem seu valor intrínseco e
está relacionada a tudo o mais
em função e posição.

Vida comum se encaixa no absoluto
como uma caixa à sua tampa.
O absoluto trabalha com o relativo
como duas flechas se encontrando em pleno ar.

Lendo estas palavras apreenda a realidade
não julgue por nenhum valor.
Se você não vê o Caminho,
não o vê mesmo ao andar nele.

Quando você caminha, não é perto nem longe.
Se estive deludido
estará a rios e montanhas de distância.

Respeitavelmente digo àqueles que
querem ser iluminados:
Noite e dia, não percam tempo.

Esse texto poema faz parte da liturgia matinal dos templos zen da tradição Soto Shu a que pertenço.
Foi escrito no século VIII, por um monge chinês

cuja leitura do seu nome, em japonês, é Sekito Kizen.

É considerado um texto muito esclarecedor que só era transmitido aos praticantes nos estágios mais adiantados da prática.

Pode parecer de difícil entendimento e por isso vou, rapidamente, explicar alguns detalhes.

Procuro não dissecar o texto, mas permitir a você, leitor ou leitora, que analise com mais profundidade ou permita que os ensinamentos aqui contidos possam trabalhar em você.

Percebe? Há uma sutil diferença entre você deixar-se banhar pelos ensinamentos, sem nenhuma intenção intelectual ou racional e, o seu oposto, estudar cada parágrafo e compreender logicamente.

Quando ambos ocorrem, ou seja, o estudo lógico e coerente mais a experiência silenciosa da meditação zen – zazen, teremos apreendido o significado mais profundo.

Apreender, com dois es, é quando algo se torna seu, pessoal, íntimo.

Essa é a função do zazen, criar um estado de intimidade tal que vai além das dualidades: eu e o outro, minha compreensão e a do autor.

O ensinamento e eu – e assim por diante. Transcender, ir além da barreira da dualidade.

Vamos por partes.

A mente do grande sábio da Índia – ou seja, a maneira de ser, de pensar de Xaquiamuni Buda, o Buda histórico.

Preciso aqui abrir parêntesis.

Buda histórico se refere a Sidarta Gautama, um jovem de família nobre que abandonou seu castelo, posição social, relacionamentos amorosos para dedicar sua vida à procura de um caminho de libertação das grandes dúvidas existenciais que o assolavam: nascimento, velhice, doença e morte. Qual o sentido da vida?

Por que nascemos? Que deidades são essas do panteão hindu? Quem sou eu ou o que sou eu?

Abandona o castelo, passa a viver como um eremita errante, junta-se a diferentes grupos de práticas espirituais, passando pela ioga e por práticas de grandes ascetismos, até que finalmente pratica zazen.

Za é sentar.

Zen é meditar.

Por meio da meditação sentada (zazen) tem sua experiência mística e exclama:

"Eu e a Grande Terra e Todos os seres, juntos, simultaneamente, nos tornamos o Caminho."

Essa frase revela que se tornou um Buda, um ser iluminado, alguém que transcendeu as dualidades do eu e do outro.

Ele é a grande terra, ele é todos os seres. A grande terra se manifesta nele, juntamente a todos os seres.

Capaz de compreender e se mesclar com tudo e todos.

Vida sustentável, meio ambiente, parcerias infinitas do despertar para a transitoriedade e a interdependência.

Assim, a primeira frase se refere a esse homem notável, indiano, que se torna um Buda. Há comprovações históricas de sua vida, por isso é chamado de Buda histórico.

Xaquia (ou Shakya, como é escrito em textos de língua inglesa) é o nome de sua tribo ou família.

Muni significa sábio – seu nome Xaquiamuni significa literalmente o Sábio dos Xaquias. E passaram a chamá-lo de Buda – o iluminado, o desperto.

Assim se tornou o Buda Xaquiamuni ou Xaquiamuni Buda, considerado o Buda histórico – o grande sábio da Índia.

A mente do grande sábio da Índia estava intimamente ligada de leste a oeste – ou seja, íntegra, sem divisões, sem dualidades.

Seres humanos comuns separam, discriminam e por vezes são preconceituosos qualificando algumas pessoas como sábias e outras como tolas. Esse pensamento não faz parte da mente Buda.

No Caminho, ou seja, na verdade, na realidade suprema da sabedoria perfeita, não há fundadores do Sul ou do Norte – ou seja, todos os fundadores das várias ordens budistas, quer do Norte ou do Sul da China. Na época havia grandes debates sobre um mestre ao Norte e um mestre ao Sul – quem seria o verdadeiro e o mais correto? Era uma problemática causada pelos discípulos desses dois grandes professores, e não entre eles mesmos.

Um grupo defendia que o estado iluminado é

adentrado pouco a pouco. Outro grupo afirmava que a iluminação é súbita, ocorre em um instante. Ambos eram discípulos de um mesmo mestre. A ordem a que pertenço conclui que a prática precisa ser incessante, mas que o momento do despertar da consciência é um momento instantâneo.

"A fonte sutil é clara e brilhante."

Sua Santidade, o XIV Dalai-lama costuma dizer que a mente é incessante e luminosa.

Imagine que haja uma fonte pura e cristalina, jorrando água incessantemente. Forma várias correntes tributárias, ou seja, a verdade é essa fonte pura e cristalina e dela surgem várias correntes – todas têm sua origem na fonte da sabedoria perfeita.

"Apegar-se às coisas é ilusão."

O sutra do Diamante de Sabedoria Completa é todo escrito de forma que as pessoas percebam que damos nomes a situações, sentimentos, objetos. Mas a realidade não são esses nomes.

Ou seja, não se apeguem a uma realidade que é fluida, incessantemente se transformando. Não há nada fixo nem permanente. A ilusão da mente é apegar-se – quer seja à maneira como vinha vivendo sua vida e como agora a está vivenciando, em isolamento social, ficando em casa, por exemplo. Sem preferir como era antes, sem ansiar por como será e sem querer que continue como está sendo agora, o ser humano se liberta e vive com plenitude.

Encontrar o absoluto ainda não é iluminação.

Importante perceber que a intimidade com o todo manifesto não é exatamente o estado iluminado. Esse estado transcende relativo e absoluto, pois inclui ambos e não se identifica apenas com um nem apenas com o outro.

Perceber, sentir a interdependência. Coexistência. Coexistimos – *intersomos*.

A analogia com nossos órgãos dos sentidos deve ser estendida para tudo o que há. Estamos tudo e todos interligados, e ao mesmo tempo há um certo grau de independência em seu funcionamento.

Aqui eu levanto algumas questões: será que essa independência realmente existe?

Sabemos hoje que olfato e paladar dependem um do outro. Perder o olfato leva à perda do paladar. Quando um dos sentidos falha algum outro se aprimora e compensa a cessação do outro.

Causa e efeito devem retornar à grande realidade.

Qual é essa grande realidade? Há apenas uma causa possível para qualquer evento. Professor Karnal ensina que em história hoje se fala em historicidade e não causalidade. São inúmeros vetores trabalhando simultaneamente para que determinados efeitos se manifestem. Voltar à grande realidade, ir além até mesmo da causalidade ou da historicidade.

Relativo e absoluto.

Pares inseparáveis: noite e dia, luz e sombra, vida e morte. Cada aspecto se relaciona a inúmeros outros. Nada existe por si só. A trama da interdependência revela onde relativo e absoluto se encontram.

Quando voamos internacionalmente, podemos observar pelas janelas do avião a noite e o dia ocorrerem simultaneamente.

Quando um lado está claro, o outro está escuro e vice-versa. Quase como se houvesse uma linha no céu, mas a linha não existe e os vários tons do amanhecer ou do entardecer se mesclam com os vários tons do anoitecer. Sol e Lua. Estrelas e seus berços sagrados, multicoloridos, brilhantes, incessantes.

Função e posição – qual a função dos pulmões e qual a sua posição em relação ao coração?

Trabalham juntos, e embora haja uma certa independência são interdependentes. Nosso corpo é esse organismo vivo e palpitante, de tubos e músculos, líquidos e carne, pele e sistema nervoso, órgãos dos sentidos e suas consciências. A menor célula está em contato e é o corpo todo. O corpo todo é cada célula que o compõe, cada partícula.

Somos o todo manifesto.

Não uma parte do todo.

"Vida comum se encaixa no absoluto como uma caixa à sua tampa."

"O absoluto trabalha com o relativo como dias flechas se encontrando em pleno ar."

São duas frases de extraordinária clareza, simplicidade, complexidade e profundidade.

A vida comum não está separada da vida sagrada. O indivíduo não está separado do coletivo, da sociedade.

Tudo o que fazemos, falamos e pensamos mexe na trama da existência.

"Uma borboleta bate as asas na China e o clima na Amazônia muda."

Uma frase já antiga dos ecologistas. Parecia improvável e hoje é compreensível, tornou-se visível para toda e qualquer pessoa.

O coronavírus surgiu em Wuhan, na China, e está hoje na Amazônia. Poucos meses e se espalhou por todo o planeta. Uma molécula. Nem mesmo um organismo vivo, e causa tantas doenças, mortes. Cientistas pesquisam drogas que possam minimizar seu efeito destrutivo nos organismos humanos.

Estamos na segunda quinzena de abril e ainda não há um remédio, sem efeitos colaterais, que possa ser administrado às populações contaminadas. Há dúvidas, é preciso tempo para apurar as consequências dessas drogas, a longo termo, em nossos corpos.

Duas flechas se encontrando em pleno ar.

É apenas uma questão de técnica perfeita ou será que a intenção, sem intenção, se torna uma ação poderosa onde sujeito e objeto se unem e se encontram no grande vazio?

Apreenda a realidade.

Torne-se a realidade. Não julgue por valores comuns nem por valores sagrados. Além das comparações, dos julgamentos, está o caminho.

E o caminho está onde estivermos. Entretanto, se estivermos deludidos, confusos, desacreditados, desesperançados, frustrados, carentes ou mesmo crendo em nossas criações mentais, esperançosos de que algo ou alguém nos salve ou proteja, estaremos perdidos. Mesmo que acreditemos ter alcançado o caminho supremo e de que nada mais precisamos – estaremos muito, muito distantes da verdade, da realidade, que se manifesta exatamente na presença pura deste instante.

E a admoestação final: *"Noite e dia, não percam tempo"*.

Não desperdiçar a condição humana de compreender em profundidade, de se transformar, de fazer escolhas, de resgatar a nossa humanidade – humilde e sublime.

Nós, seres humanos, temos a capacidade de despertar, de apreciar a vida em sua pluralidade de emoções, sentimentos. Temos a capacidade de perceber o que é, assim como é. Podemos ir além. Podemos usar o fogo e cozinhar alimentos. Podemos usar o fogo e queimar as matas. Podemos ser consumidos pelo fogo, pelas águas, pela terra, pelo vento, pelo ar.

Podemos criar causas e condições para harmonizar os cinco elementos. Precisamos, urgentemente, harmonizar nosso corpo, mente e espírito. Harmonizar pessoas com pessoas, na partilha, no diálogo, no propósito comum de beneficiar a vida. Sem manipular ninguém e sem sermos manipulados por nada ou por ninguém. Sem pensar nas vantagens pessoais, mas no propósito de beneficiar todos os seres.

Por que não apreciamos a vida? Por que não nos colocamos à disposição? Por que não compartilhamos e cooperamos uns com os outros? Por que ainda há guerras, conflitos, crimes? Porque criamos fronteiras e lutamos por mantê-las quando sabemos – e há muito sabemos – que a Terra é a nossa casa comum?

Há tantas perguntas, tantas respostas.

Mas é possível, de algum ponto qualquer, em algum lugar e em um certo momento, fazer deste o ponto da virada, o ponto do despertar.

No caso da pandemia, fechamos portas e janelas, porteiras e fronteiras, para evitar a contaminação, por querer bem, para evitar a exterminação, para proteger os que não se contaminaram – mesmo que não saibamos seus nomes.

Só não podemos fechar os canais de comunicação e compartilhamento das experiências, das pesquisas, dos achados comuns que podem beneficiar a todos.

Ainda há quem roube testes médicos e tente vender por fortunas. Ainda há quem descubra e impeça um crime contra tantas pessoas.

Há quem crie pias móveis e leves para moradores de rua lavarem as mãos – mas precisará do apoio de todos, que venham repor a água e o sabão, que venham lavar as pias. Higienizar. E, quem educará a população de rua para que não se contamine e não contamine os outros? Alguns são capazes de ouvir e entender, mas seriam todos? Dizem que moradores de rua não se suicidam. Por pior e mais degradante que seja sua subsistência, querem sobreviver. Que assim seja. Que sobrevivam ao vírus como sobrevivem a tantas outras doenças, aos ratos e ratazanas e ao descaso humano.

É tempo de cuidar, de despertar, de compreender que somos a vida da Terra, que giramos em torno do nosso próprio eixo e em torno do Sol, que nos dá luz, calor, energia vital.

Tempo de acordar do sonho do antropocentrismo para a realidade do biocentrismo.

A vida é o centro da vida e todos nós, seres humanos, interdependemos dos movimentos de rotação e translação da Terra. Precisamos de todas as outras formas de vida, para que a nossa vida seja plena.

Temos de sair do pensamento que separa e divide para encontrar a plenitude que une, compreende, entende e cuida da vida do planeta e de todas as formas de vida aqui geradas.

Se soubermos respeitar os espaços silvestres, se poluirmos menos, se cuidarmos melhor com sabedoria e compaixão, a vida será melhor para todos e, logo, para você e para quem você ama.

Será que o coronavírus vai nos ajudar a enxergar? Vai promover o conhecimento profundo e sutil de quem somos, o que somos e como podemos viver em harmonia?

Certamente a crise, a pandemia, acelerará o processo da tecnologia, da inteligência artificial, há muito projetada por grandes economistas. A sociedade humana, como um todo, sempre esteve, sempre estará e está se transformando.

Nossas compras são virtuais, nossos relacionamentos, cada vez mais, são virtuais. A educação será virtual. Já há escolas na Islândia onde as crianças recebem um iPad ao entrar. Recentemente, devido à pandemia, a Argentina sugeriu que as relações sexuais sejam virtuais ou de autossatisfação... Que interessante.

Como estranhos numa terra estranha vamos nos reinventar.

Filhos e filhas de proveta.

Admirável mundo novo.

Tantas predições de sociedades controladas por câmaras sempre nos filmando. Agora os algoritmos dos computadores nos conhecendo em intimidade e nos expondo a possíveis lideranças controladoras.

Mas há sempre o inesperado.

Aquilo que não podemos ver e saber do agora para o futuro.

O ponto invisível, que ainda não surgiu nem mesmo está embrionário.

Como será o ponto de virada?
Quando se dará?

O petróleo está sobrando – sem aviões, sem viagens, sem carros... Navios carregados sem ter onde guardar.

Outras formas de combustível vão surgindo.

Haverá uma grande depressão econômica.

Desempregos, pois antigos empregos já não servirão mais.

Entretanto, o futuro e o passado continuarão convivendo num presente onde todas as eras se misturam.

Antes e depois da pandemia haverá vida, haverá alegria, haverá tristezas, haverá descobertas e cobertas novas – feitas de cobertas velhas. Restaurando um mundo que se mexe, que está vivo e por estar vivo está morrendo e renascendo a cada instante.

Como será o amanhã depois do hoje de ontem?

Fome, desespero, controlados pela ganância, raiva e ignorância?

Seres bondosos, cooperando e compartilhando conhecimento e bens, com amorosidade e sabedoria?

Será que não seremos uma mescla dessa complexidade infinita de possibilidades impensadas?

Sorria.

O devir está por vir.

Estaremos lá?

Sobreviveremos, até quando?

Isola? Não isola?

Lembrando que nas tradições espirituais há também o isolar do mal, afastar o que é prejudicial.

Três batidas na madeira é uma forma de isolar.

Não falar, não chamar, deixar longe de você.

Neste momento a única maneira de isolar é não sairmos de casa, ficarmos em algum local que não esteja contaminado e limpar tudo que for trazido de fora para dentro.

Aprendemos algumas coisas com o vírus.

Aprendemos que ele não voa a grandes distâncias, pode atingir até dez metros de uma pessoa a outra, por meio da saliva, dos fluidos corporais, de espirros, tosse. E pode entrar por qualquer lugar fluido do corpo – olhos, narinas, boca.

Não sabemos muito mais.

Ele se desfaz com sabão – a gordura se quebra e a molécula de proteína desmantela.

Só que não podemos beber desinfetante.

Há quem o tenha feito nos Estados Unidos, a partir de uma fala do presidente Trump.

O presidente Trump comentou que havia sido uma brincadeira, que nunca imaginou que alguém beberia detergente para não se contaminar pelo coronavírus. É preciso ter cuidado com o que falamos, quando falamos, de que maneira falamos e para quem falamos.

Há quem entenda literalmente o que não era literal.

Eis um grande aprendizado para líderes e influenciadores de todos os níveis.

Alguns aprendem, outros não.

Surgiram várias curas, drogas milagrosas.

Entretanto, os religiosos capazes de milagres ficaram quietos.

Nenhum se atreveu a curar alguém infectado pela Covid-19 – não que eu saiba, não que tenha sido noticiado. Por que será?

Parece que este vírus em particular requer tratamento da medicina tradicional alopática.

Surgiram remédios bons, capazes de impedir o desenvolvimento das doenças relacionadas e levar à cura – alguns bem baratos foram logo substituídos por possibilidades de drogas mais caras.

Estariam pessoas, empresas, governos se aproveitando financeiramente deste momento tão dramático e tão sofrido da humanidade?

Lamentável.

Sempre houve, e talvez sempre haverá, quem enriqueça em situações de guerras, calamidades, pandemias, desgraças e sofrimentos.

As formas complementares de medicina, geralmente de baixo custo, podem e devem ser utilizadas na prevenção e na recuperação, depois de os pacientes saírem da crise, quando já forem capazes de respirar sem aparelhos e não tiverem febre, por exemplo, neste caso do coronavírus. Há tantos casos...

O mesmo se dá com questões sociais graves e também com questões de doenças e desequilíbrios mentais, como a depressão, a ansiedade doentia e o pânico.

São necessários especialistas, drogas medicinais, florais, tratamentos complementares que facilitem a percepção de cada pessoa para suas próprias necessidades e permitam o esforço para que procurem apoio e cura.

Estamos aprendendo, todos nós.

Desde pesquisadores e cientistas – toda a rede de saúde pública, incluindo administradores e técnicos de informática, médicas e médicos experimentando remédios, tentando doses –, a indústria farmacêutica, garis varrendo as ruas, carros de lixo, moradoras e moradores de ruas, pessoas residindo em comunidades carentes, a classe média em todos seus níveis, a classe alta, pessoas riquíssimas – mesmo os e as mais poderosas e abastadas do mundo. Todos voltamos aos bancos da escola para aprender como sobreviver ao coronavírus. Quais as medidas adequadas em cada circunstância?

Alguns estão em fazendas, casas de praia, ilhas desertas, acampados nas matas, hotéis e pousadas.

Entretanto, nenhum lugar é completamente seguro.

Algumas pessoas adotam animais, pets. Companhia, amor, ternura. Para crianças é uma bênção poder cuidar, estar em contato com outros seres vivos.

As incertezas e o desconhecimento fazem estremecer gigantes. Mas caminhamos. Respiramos conscientemente e nos acalmamos.

Vamos adiante. Um dia de cada vez. Sem pressa de chegar, mas com urgência.

Urge encontrar os remédios.

Urge diagnosticar em tempo de curar.

Urge a população toda se conscientizar e seguir as orientações dos e das especialistas nas áreas de saúde pública.

Saúde física, mental e social – alguns agora estão ficando perturbados mentalmente. Outros com perturbações sociais, econômicas, de relacionamentos até mesmo com a quarentena e o vírus.

Alguns saem sem máscara, sem proteção, levam as crianças para brincar nas praças públicas sem notar que lá podem se contaminar.

A natureza agradece.

Menos poluição.

Ouve-se melhor o piar dos pássaros. Lagartixas, moscas e pernilongos nos lembram que mesmo nas grandes cidades há vida silvestre.

Dias de sol, dias de chuva, dias de vento e dias parados. Cada dia é único, precioso e jamais se repetirá.

Sem pressa de onde vamos chegar, vamos juntas

e juntos para o próximo instante.

E, de repente, sem nem entender bem por quê, conseguimos atravessar o medo, a ansiedade, a sede, a fome de carinho e nos redescobrimos presentes no presente. Vivos. Respirando conscientemente e apreciando, saboreando o inspirar e o expirar.

E passa.

Voltamos a nos pré-ocupar. Ocupar do que está por vir. Como será o amanhã do depois de amanhã? E não percebo o toque delicado da mão infantil em minha face.

Sou uma pessoa séria. Estou preocupada e pensando no futuro.

Recomendo: ocupe-se no presente.

Escolha um momento durante o dia para programar-se a um futuro incerto, que não sabemos exatamente quando e como chegará.

Projeções a curto, médio e longo prazo.

Lembre-se que as vendas são on-line, virtuais.

Prepare-se.

Dê empregos a pessoas que vão receber os pedidos, aos que vão organizar os pacotes, aos que vão transportar.

Novos empregos estão surgindo, novas demandas, e talvez elas fiquem.

Prepare-se para acompanhar o desenvolvimento das tecnologias, da inteligência artificial. Ela se autoprograma tão rapidamente que se você, todos os dias, não estudar, pesquisar, ficará fora do mercado.

É tempo de despertar.

Tempo de despertar é o tempo da virada.

Vamos sonhar a grande utopia: toda a Terra, todos os seres humanos despertando para a interdependência passariam a cuidar respeitosamente da natureza, de todas as formas de vida. Com isso, menos poluição, diminuição ou retardamento do aquecimento global, fim de guerras e massacres populacionais. É possível. Depende de cada um de nós. Cada pessoa que se transforma, que desperta, é um átomo de transformação de toda a realidade. Talvez apenas esta pandemia não seja suficiente para o despertar de toda a humanidade. Alguns, certamente, despertarão.

Como será quando não precisarmos de máscaras e luvas para sair às ruas?

Nossa espécie continuará doce e sorrindo como meus bisnetos, que, com grande pureza e leveza, me mostram, por meio das conexões de plataformas virtuais, um novo livro, uma nova descoberta, um novo mundo?

— Veja, Bibi, meu livro novo! — E levanta, em frente à tela do computador, sua nova descoberta.

E esse livro novo, mágico, extraordinário é um livro antigo, o mesmo que dei para minha filha, há tantos anos: *ET.*

Como é linda a vida! Preciosa. Está sempre a se transformar, e somos elementos de transformação, mudamos com a mudança.

Aprecie!

O ponto de virada chegou, pontuou.

Você viu?

Você o cocriou?

Talvez não tenha percebido, mas você estava lá, está aqui e talvez também esteja Lá. Si. Dó.

Sim, dó, pena, tristeza pelo sofrimento dos doentes, dos parentes, do pessoal da saúde que junto morre a cada dia.

Mas existe o lá, a esperança da transformação incessante, que é o mover da vida, de cada dia, cada noite, cada instante perene e eterno, pois jamais se repetirá exatamente como foi.

Nada que foi, de novo será.

Cada dia não é mais um dia, é menos um.

Por isso, recomendo, aprecie e não se paralise. Flua com o fluir da vida.

Se você ainda não entendeu, não perca tempo, noite e dia, questione-se, procure nas filosofias, nas teologias e nas budologias.

Existem budistas e existem budólogos, ou seja, há quem pratique, tenha fé e se refugie nos ensinamentos, vivendo de acordo com eles, e há quem estude os ensinamentos, analise logicamente, pesquise dados históricos e interpretações filosóficas. Faça estudos comparados com outras tradições e outras áreas do conhecimento humano.

Quando uma pessoa que pratica em pura fé, confiança, entrega e aceitação é capaz de estudar, os resultados são excelentes.

O mesmo também é verdadeiro para quem estuda os textos, pesquisa e analisa logicamente e se disponibiliza às práticas e às experiências místicas. Nesse momento, o verdadeiro Darma, o verdadeiro ensinamento está presente.

Apenas estudar, sem nenhuma experiência prática dos ensinamentos, não é suficiente.

Apenas praticar sem nenhuma base teórica também pode cair em falácias, erros, faltas.

A crença, a fé, a confiança, a entrega deve estar embasada na razão, na intuição e na experiência.

As experiências podem ser de situações vivenciadas pela própria pessoa e também de relatos de outras.

Os relatos das experiências místicas devem ser autenticados por verdadeiros mestres e/ou mestres da linhagem, da tradição. Caso contrário podem ser apenas delusões criadas dentro das delusões.

É possível acessar a iluminação dentro da própria iluminação.

O despertar da consciência se dá ao despertar a consciência. Nem antes, nem depois.

A prática é a realização.

Mas o que é prática correta?

Como saber se estamos praticando corretamente, se a nossa experiência mística é uma experiência real ou se é uma projeção mental a campos inusitados?

Procure nas profundezas abissais dos oceanos e nos picos mais altos das montanhas.

Procure no silêncio e no mais íntimo do seu ser.

Recorra a pessoas confiáveis. Cuidado com falsos mestres que afastam praticantes do caminho correto.

Atenção!

O ponto de virada é quase imperceptível para quem está se transformando.

Como entrar em um nevoeiro, a pessoa, dentro da neblina, não percebe que suas roupas estão ficando umedecidas.

Como a fragrância de incenso numa sala. Quem está na sala se acostuma e nem percebe que está levando em seu corpo, suas roupas, essa fragrância.

Assim é a prática correta. A pessoa não ganha nada e nem perde coisa alguma, mas a fragrância da sabedoria e da compaixão permanecem.

Como tudo, são também impermanentes.

Se não houver mais práticas meditativas, liturgias, orações, estudos formais, essa fragrância se desfaz, as roupas secam e a pessoa nem se lembrará direito da experiência. Será como um sonho, uma vaga memória passada. Por mais que queira, jamais se repetirá.

Cada momento é único. Haverá outros, mas nunca será como aquele que passou. Semelhante, nunca igual.

Não há para onde voltar.

Só há para onde ir.

Nunca é possível repetir alguma experiência meditativa, ou qualquer momento da vida. Cada momento é único. Parecem iguais, mas não o são. Perceba. Observe em profundidade.

A prática contínua, incessante, nos fortalece – é o próprio despertar.

Se no início das práticas meditativas fazemos inúmeras descobertas e podemos nos surpreender – quer com medo ou maravilhamento – haverá momentos estranhos de atravessarmos uma plataforma vazia, como um deserto silencioso, onde nada acontece.

O deserto silencioso pode ser prazeroso para quem vive e percebe apenas os grandes ruídos e turbulências da vida e da própria mente. Mas ninguém permanece nesse deserto, que aos poucos se torna monótono e cansativo. A sede nos faz desejar fontes limpas, de águas puras.

Quando a sede é muita até aceitamos água com terra, mas nunca bebemos água com detergente.

Cuidado com as miragens, com as nossas projeções, confundindo água pura com veneno, confundindo bons professores com charlatões, endeusando seres humanos, que são apenas pessoas comuns.

Buda dizia:

"Se o que eu ensino for bom, use-o. Se não servir para você, simplesmente jogue fora."

Pouco antes de morrer, Buda disse a seus discípulos, que o rodeavam:

"Todos que deveriam ser despertos, assim o foram."

Dos que não puderam despertar durante a vida de Buda, muitos foram despertos por meio de seus ensinamentos e de seus discípulos sucessores.

Cada pessoa tem seu tempo de maturidade espiritual. Não podemos forçar uma flor a desabrochar antes do seu momento.

Qual é o ponto de virada da flor? Será que ela não passou por um processo contínuo e foi desabrochando até ficar completamente aberta, para depois ir murchando e caindo?

Assim deve ser nossa relação com o ponto da virada. Está acontecendo e nem percebemos.

Não percebemos, pois esperamos algo mágico, inalcançável, extraordinário.

Como se fogos de artifício explodissem no céu da mente, como se tudo se aquietasse e o grande caminho se abrisse banhado por suaves raios de sol, campos de flores balançando e soltando sua fragrância na brisa suave, encontrando seres gentis e pessoas amáveis. Todos vivendo em abundante harmonia com a natureza. Cuidando, respeitando, reconhecendo sua grandeza e sua parceria na sobrevivência das espécies.

Quando passamos por uma experiência semelhante a essa nos sentimos livres e salvos. Entretanto, logo na curva do caminho, encontramos guerras, vinganças, ódios. Percebemos pessoas abusando da terra, das matas, das águas e do ar. Notamos seres ainda incapazes de amar, compreender e compartilhar.

Percebemos a inveja, a ganância, o orgulho, a indiferença. Sentimos e reconhecemos a raiva, o ódio e a ignorância da verdade.

Perdemos a esperança na humanidade?

Nunca nos transformaremos?

Será que externamente transmigraremos de nascimento a morte a nascimento a morte a nascimento, num ciclo incessante, sem jamais aprender e apreciar a vida?

Haverá quem despertará.

Haverá quem não despertará.

O grande despertar inclui tudo e todos.

Inclui a delusão e a iluminação, a confusão e a clareza, o bem e o mal.

É a capacidade de perceber que nem todas as pessoas conseguiram, conseguem ou conseguirão ir além, neste momento – e está bem assim.

Estar bem assim não significa aquietar-se.

Significa usar meios hábeis, meios expedientes, para provocar o despertar de todos os seres humanos.

Você é um ser humano. Você pode despertar.

Deve despertar. Seu direito e dever de nascença.

Vamos. Acorda.

Já.

Aqui é o local e agora é o momento do seu ponto de virada. Não mate a esperança. O impossível apenas demora um pouco mais. Paciência e resiliência exigem força, determinação, esforço.

Todos podem ser felizes e plenos de contentamento com a existência.

Todos podem ter o suficiente para uma vida plena.

Todos podem se tornar elementos de transformação ativa da sociedade e do mundo.

Basta fazer escolhas conscientes, refletir, alimentar-se dos ensinamentos corretos e praticar, no dia a dia, nas coisas simples e singelas, as orientações dos grandes sábios e sábias do passado, futuro e presente.

Tempo circular.

Há meios de acessar essa fonte brilhante e pura, jorrando incessantemente a luz da sabedoria. Precisamos estar puros para chegar até a fonte. A purificação se dá ao procurar pela fonte. Essa procura vai nos banhando pelas águas. São as práticas do meditar, do respirar completo e atento, do estudar, do compreender e aplicar na vida diária, o discernimento correto, a compreensão clara e profunda oriunda da mente de sabedoria e compaixão.

Uma não existe sem a outra: ao despertar para a mente sábia nos percebemos interligados a tudo e a todos, nos identificamos com o outro e nos reconhecemos no outro. Surge, simultaneamente, a compaixão, a ternura, o cuidado, a acolhida.

Sem medo ao nada, pois o nada é o tudo, é o alfa e o ômega, o princípio, o meio e o fim, num eterno girar elítico ascendente. Assim, continuamos a jornada.

Continuamos, pois sabemos que nada é fixo ou permanente. Nosso corpo, nossos pensamentos, nossas sociedades, nossa mente, nosso mundo.

Podemos oferecer a vida, a verdade e o caminho.

Só os que se esforçam nessa procura, que se entregam, que aceitam, que agradecem são capazes de receber o grande presente de apreciar a própria vida.

Ao encontrar a realização percebemos que não houve esforço nem procura rara. Desde sempre o caminho estava manifesto, a verdade estava claramente revelada, e nós sempre fomos, somos e seremos a vida.

A curva é um segmento da reta ou a reta um segmento da curva? Primeiro teria surgido o círculo? Teria sido uma reta que se curvou ou uma curva que se alongou?

Seja como for, são pontos, pontos, pontos.

Podemos viver e, quiçá, dançar com leveza, sob o som de uma antiga canção portuguesa?

Menina, ai, vamos ao vira, ai,
que o vira, ai, é coisa boa.

Mãos em prece
Monja Coen.

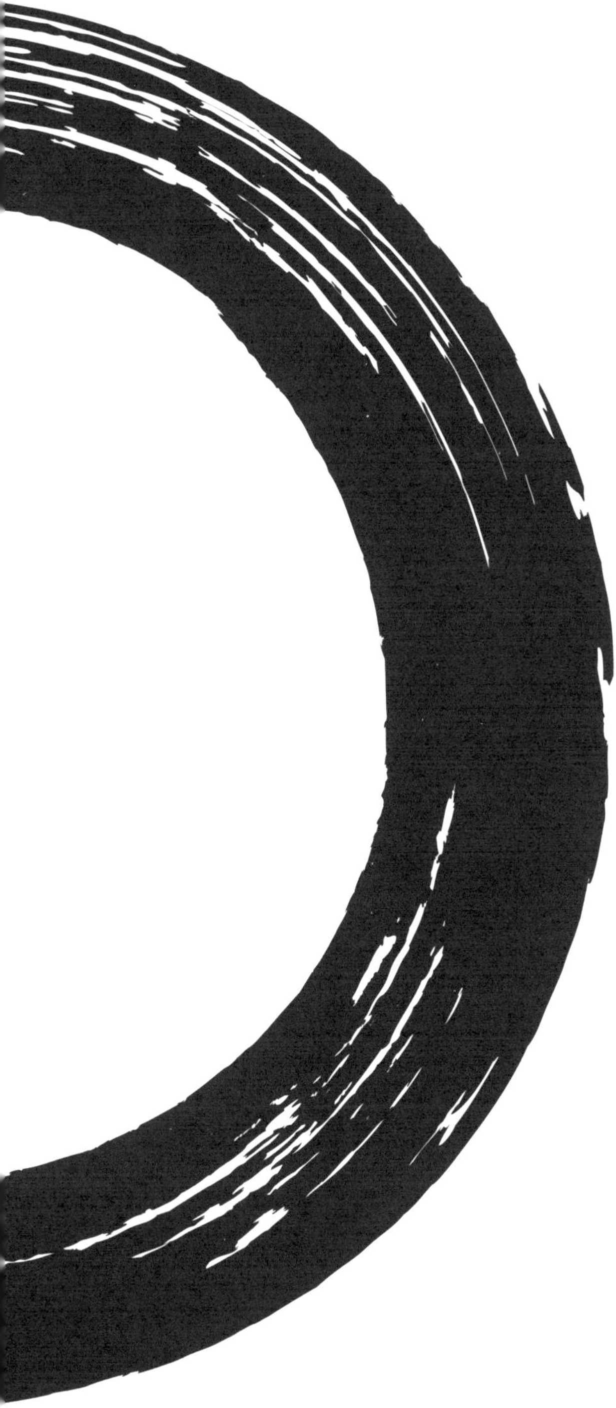

**Acreditamos
nos livros**

Este livro foi composto em Linotype Centennial
e impresso pela Geográfica para a Editora
Planeta do Brasil em dezembro de 2020